I0150909

EL ÉXITO LO DISEÑAS TÚ

LAURA EVELIA

EL ÉXITO LO DISEÑAS TÚ

Logra tus metas paso a paso

El éxito lo diseñas tú

Lograr tus metas paso a paso

Derechos de autor © 2018, Laura Evelia

Todos los derechos reservados. Queda rigurosamente prohibida, sin autorización escrita de los titulares de *copyright*, bajo las sanciones establecidas por la ley, la reproducción total o parcial de esta obra. Ninguna parte de este libro podrá ser reproducida bajo ningún medio mecánico, fotográfico o electrónico, o en la forma de registro auditivo, así como la distribución de ejemplares de la misma sin previa autorización.

The library of Congress Cataloging-in-Publication Data
Laura Evelia
El éxito lo diseñas tú/ Laura E García

Diseño de portada por Pablo D. Rodríguez

ISBN 978-0-9985777-3-9

Dedicado a todas y todos los que buscan su propia versión del éxito y la viven al máximo.

CONTENIDO

Prólogo por Luz María Doria – Autora de "La Mujer de mis sueños"

Prólogo

El éxito es el resultado de muchas decisiones. Que usted tenga este libro en sus manos puede ser una de ellas. Laura Evelia llegó a Estados Unidos sabiendo solo dos palabras en Inglés: Hello y Thank you. Trabajó limpiando casas, oficinas y fue mesera. Mientras estudiaba inglés, tuvo 3 trabajos al mismo tiempo para ahorrar y poder estudiar.

Hoy es graduada de la Universidad de Washington con una licenciatura en negocios y dos maestrias, una en Liderazgo y otra en Psicología Cognitiva Conductual.

Eso es saber diseñar el èxito y es precisamente lo que ella misma plantea en este libro. Te ofrece los procesos para lograrlo y te recuerda en cada etapa del camino lo grande que puedes llegar a ser.

Luz Maria Doria
Autora de "La Mujer de mis Sueños"

Introducción

"Sabía en el fondo que lo que pusiera en mi mente, lo podría conseguir; no sabía el cómo, no sabía el cuándo, pero sabía que lo disfrutaría algún día." Esas eran las palabras que a mis 12 años se repetían en mi mente. Buscaba éxito.

¿Quién no ha soñado con tenerlo?, y no solo aquel éxito espontaneo y efímero, sino aquel éxito que se espera en cada momento de nuestras vidas, en nuestras relaciones personales, nuestros trabajos, nuestras familias, nuestras dietas; éxito que muchos buscan y no lo logran. Ese éxito que, si lo llegamos a sentir en algún momento, se desvanece al siguiente, y no porque no exista más, sino porque nosotros mismos hacemos de su existencia algo fugaz.

¿Pero qué es en realidad el éxito? ¿Cómo se puede crear? Primeramente, ¿qué significa el éxito para ti o que significa ser exitoso? La palabra éxito tiene sus orígenes en el latín "exitus" que significa: *"salida", "termino", "fin."* De ahí que se asocie el éxito con la culminación de un propósito. Sin embargo, el éxito, al igual que el ser humano, es único e inigualable. Por ejemplo, el éxito para una persona puede ser el terminar una carrera universitaria; el éxito para otra es tener un negocio o casa propia; el éxito para una mamá podría ser terminar el día sin ningún contratiempo con su familia; el éxito para alguien más es tener dinero; el éxito para otra persona es ser espiritual. El éxito tiene significados diferentes para todos.

Es por eso por lo que tiene que ser definido y vivido por ti y no por alguien más, o por lo que los medios o sociedad impongan que debe de ser. En otras palabras, sólo tú eres el indicado para darle un significado apropiado a tu éxito y de acuerdo con tus propias expectativas y estándares, porque al final, tú serás el que disfrutará de los frutos o consecuencias de este.

En el camino al éxito hay diferentes etapas que uno atraviesa, algunas más desafiantes que otras. Algunas con desafíos físicos, emocionales o psicológicos, y requiere el desarrollo de varias habilidades, dependiendo de las metas que te has puesto. Eso sin mencionar el sinfín de resultados posibles que puedes llegar a obtener.

Las diferentes etapas pueden ser experimentadas antes, durante y después del éxito alcanzado. Este ciclo te llevará tal vez por una crisis, el deseo de algo más, mensajes de tu consciencia, momentos de inspiración, creación de un plan, tomar acción, etc. El orden es diferente en cada situación y para cada persona. A algunas personas les llega primero la inspiración antes que la crisis, otros toman acción sin tener un plan, o simplemente están conscientes de su poder interno y les llega una crisis al no saber qué hacer.

Por otro lado, dependiendo de qué tanto esfuerzo, voluntad, o cambios requiera tu propia versión de éxito y el cumplimiento de este, se presentarán momentos de incertidumbre, angustia, ansiedad y desesperanza que te harán, en algún momento, querer renunciar. No importa cuál sea el orden en tu caso, lo que importa es que seas capaz de superar cualquier etapa y lograr aquello que buscas.

Ten la certeza de que, todos aquellos que buscan el éxito, han pasado o pasaran por estas diferentes fases. Es un descubrimiento individual y sólo tú puedes descubrirlo, crearlo y disfrutarlo.

Vale la pena emprender ese camino; no renuncies a él, porque al otro lado del éxito está esa *satisfacción interna* de lograr o terminar tu cometido, cualquiera que este sea; está esa *felicidad* por saber que tus acciones y esfuerzos lograron el resultado buscado; está esa *tranquilidad íntima con tu ser* que te da paz; está ese *suspiro de alivio* al saber que lograste lo que deseabas; está esa *versión de ti mismo,* más grande, fuerte, mejorada y plena.

¡Ahora, naveguemos juntos las diferentes etapas hacia el éxito, en el que el diseñador eres TÚ!

ETAPA 1

Crisis, Tu Oportunidad

• • •
15

CAPÍTULO 1

"En las grandes crisis, el
corazón se rompe o se curte."

- Honore de Balzac

"NO ERES LO QUE APARENTAS,
eres lo que escondes." Esas eran las palabras que llegaron a
mi mente una y otra vez y se plantaron en mi corazón. Me
sentía fuera de lugar y, aunque quería cambiar, no sabía
cómo, fue cuando supe que estaba atravesando un momento
de crisis. A pesar de que se tiene la idea general que una
crisis es aquel evento dramático que surge inesperadamente
y mueve completamente nuestro mundo, la crisis puede
llegar a nuestra vida a veces, sin reconocerla o sentirla, de
manera desapercibida y silenciosa.

La crisis trae esos momentos en los que te sientes sin
esperanza, sientes que algo falta en tu vida, quisieras

cambiar, pero no sabes qué, te sientes estancado, triste, frustrado y sin conocer las causas. Tal vez todo lo contrario, al igual que me sucedió a mí, donde mi vida familiar, profesional y personal estaba funcionando estupendamente, pero sentía que algo faltaba o que algo mal sucedería… si es tu caso, te felicito, podrías estar experimentando una crisis, y tienes en tus manos una de las mejores oportunidades de tu vida. La gran oportunidad de diseñar, crear y vivir una vida mejor.

Empecemos por definir "crisis," la cual se deriva de la palabra griega *krísis* que significa "decidir", "preferir", "elegir." Cuando una crisis aparece en tu vida es una indicación de que es momento de cambiar de rumbo, tomar nuevas decisiones y elegir vivir bajo otros estándares y expectativas. Es una oportunidad de cambiar de dirección, mirar hacia otro lado, vivir y pensar de forma diferente.

¿Fácil de lograr? No, por supuesto que no, requiere de cambios internos y externos, cambios de rutinas, hábitos, pensamiento, cambios en nuestro diario vivir y cambios en cómo vemos la realidad. Sobre todo, requiere que nos enfrentemos a aquello que tal vez no estamos preparados, y es el de ser honestos con nosotros mismos.

Durante la crisis se crea una nube de culpas, ideologías y falsas reconciliaciones internas, que para algunos les llevan meses, a otros años y para muchos, toda una vida en reconocerlo.

A lo largo de la historia un gran número de personas han vivido y atravesado alguna crisis en su vida, ya sea de manera silenciosa o abrumadora. Se han enfrentado a sus propios temores, excusas, mentiras, frustraciones, desafíos, dudas, etc., pero escogieron intencional y premeditadamente DECIDIR por algo mejor, decidieron dejar de subsistir para comenzar a VIVIR.

No te apresures a salir de tus crisis, de tu dolor interno o de las circunstancias que te hacen sentir incómodo. Estas situaciones te están salvando de ti mismo, te están enseñando a vivir, a transformarte. Son una guía e indicación de que *es momento* de reflexionar sobre tu camino, tal vez cambiar de rumbo, tomar consciencia y decidir asertivamente. Aprende de ellas.

Si llegamos a reconocer nuestra crisis como una oportunidad y aprendemos sinceramente las lecciones que nos brinda, entonces podremos reinventarnos a una nueva y mejor existencia. La decisión es tuya.

LA BIENVENIDA

Debes estar consciente que la crisis aparecerá en algún momento de nuestro recorrido hacia el éxito, probablemente al principio de una de tus metas, en medio o al final, pero en cualquier momento que te llegue, abrázala y aprende de ella.

El momento que la crisis toque a tu vida sonríe internamente al saber que un gran cambio se producirá en ti. Un nuevo deseo de seguir viviendo florece. Fluye y no te aferres inconscientemente a un determinado resultado, porque te causará pesar. Fluye con todos tus temores y dudas.

Ningún obstáculo es demasiado grande para aquellos que desean obtener éxito en su vida. Una simple decisión puede cambiarlo todo, puede cambiar tu vida entera y llevarte a un destino totalmente nuevo. Una simple decisión puede llevarte a tu propio éxito o a tu propio fracaso. La crisis es simplemente una oportunidad disfrazada de adversidad que te permite e invita a tomar esa decisión: ¡diseñar el éxito que a ti te motive seguir adelante!

¿Por cuánto tiempo has soñado alcanzar tus metas, hacer lo que te apasiona, te llena, te hace feliz? Decide qué quieres de tu vida, qué metas quieres alcanzar. Es un dialogo que tendrás que tener y explorar por ti mismo. No se aceptan acompañantes. Es una invitación individual y única.

Una vez que tomas la decisión de darle la bienvenida a tu crisis, una nueva realidad y un nuevo TÚ comienzan a resurgir. Es el momento de conectarte con lo más profundo de tu ser, tus raíces, tus anhelos. La gran oportunidad de la crisis es que te exigirá la creación de una nueva vida, una nueva forma de pensar y actuar. Te pondrá a prueba una y otra vez. Una crisis te obligará a evaluar tus deseos, metas, actitudes, comportamientos y pensamientos. Te desafiará a evaluar a la gente que está a tu alrededor y toda aquella situación que no encaje más en tu camino al éxito.

Esta etapa de evaluación es crítica para mucha gente, no desean dejar rutinas, amistades, formas de pensar y actuar. ¿La razón? En cierta forma están dejando morir una parte de ellos mismos para darle vida a otro ser; se está dejando atrás todo aquello que en algún momento los identificó y les dio un lugar, creando una crisis interna aún más fuerte.

Quizás en los momentos de crisis sentirás que no puedes más, que no tiene sentido el seguir luchando, puedes sentir una profunda desorientación, cuando eso suceda sólo respira y sigue adelante, día a día, momento a momento. Permite que la crisis siga su proceso donde te empuja hacia un nuevo cambio.

Este proceso tal vez traiga un momento inspirador, pero ten por seguro que también será agotador y te llenará de miedos y dudas. No luches contra él, sólo déjate guiar y más rápido veras la salida.

¿Desafiante? Claro que sí. ¿Vale la pena? Por supuesto. La transformación que es producida por la crisis puede ser pausada o rápida, la decisión es tuya. Tú decides como la vives y la procesas. Sólo es necesario adaptarnos al cambio. El cambio puede llegar a nosotros de forma mental, físico o emocional o una combinación y puede traer consigo sentimientos, emociones o pensamientos inesperados. Confía que detrás de este cambio algo mejor vendrá a tu vida.

Se requiere que seamos flexibles y, sobre todo, pacientes con nosotros mismos, que aprendamos a adaptarnos a los sucesos que no están en nuestro control. Habrá muchos dentro de nuestra vida, así que, abracemos lo único seguro y constante que la vida nos provee, el cambio, aprendamos a SENTIRNOS CÓMODOS ANTE LO INCÓMODO.

MI PROPIA CRISIS

Las crisis han formado parte de mi historia y mi vida, algunas fáciles de enfrentar y otras más desafiantes, llegando por sorpresa y sin invitación. Estoy segura de que al igual que yo, tú las has vivido y has sido participe de ellas. Una de estas crisis se presentó cuando inmigré de la Ciudad de

México a Estados Unidos. Como los miles de inmigrantes o refugiados, experimenté los desafíos a los que uno se enfrenta cada día al llegar a un lugar nuevo, comenzando por la barrera del lenguaje, la separación familiar y de amigos, la falta de entendimiento de un nuevo sistema de gobierno, salud, trabajo y educación.

Por ejemplo, al llegar a Estados Unidos sólo sabía 2 palabras en inglés: "thank you" y "Hello," así que tomé la decisión de aprender este lenguaje. Desafortunadamente, debido a la falta de profesores, tuve que estar en lista de espera por 8 meses antes de tomar clases de inglés. Me sentía incompetente, cuestionaba mi valía al no poder comunicarme con los demás. Cosas tan sencillas como comprar comida se me hacían todo un desafío, sin mencionar las burlas y comentarios dañinos a los que uno se enfrenta al no poder comunicarte.

Sin embargo, fue en estos momentos de ansiedad e incertidumbre que decidí abrazar el cambio y bailar con él. No había otra opción que me convenciera más, que seguir adelante y ver esta crisis como una oportunidad a nuevas posibilidades.

Como lo menciono en mi libro "Mi Mejor Enemiga":

"Hay momentos en la vida en que se tienen que
tomar decisiones que al principio son
difíciles de tomar y que te duelen; te niegas a hacerlo,
te pones excusas, te justificas y sigues
actuando de la misma forma. Sin embargo,
no hay peor mentira que aquella que
te dices a ti mismo."

Cuando me llegaban los momentos de duda, tensión, frustración o desesperanza, sabía que era momento de reconciliarme conmigo misma y ser paciente ante el proceso que estaba experimentando. Al final, yo era la responsable de lo que vivía, fue mi decisión el aceptar mudarme a un país extranjero y fue mi decisión permanecer en él. No había necesidad de buscar culpables, encontrar excusas, o doblegarme ante mis miedos porque eso retrasaría el proceso de mi crisis, quedaba sólo seguir adelante.

* * *

Estaba ante mí una oportunidad que, si yo la tomaba, me llevaría a un mundo desconocido en el que podrían pasar dos cosas: derrumbar mi vida ya conocida o comenzar una nueva. No sabía el resultado y eso me daba terror. Es un hecho que al no saber hacia dónde vamos causa preocupación, ansiedad y angustia, pero la intención no es que los eliminemos, sino que aprendamos a guiarlos.

¿Qué tan grande es tu deseo de tener el control o saber tu destino? En mi caso, algo que pude haberlo visto como una desgracia, resultó ser la mejor decisión de mi vida, y lo mejor de todo: La decisión fue mía.

SIN SALIDA

Durante esos momentos de crisis en que sientes tal vez dolor, coraje, incertidumbre, insatisfacción, miedo, culpa, inconformidad, desesperanza, etc., es cuando más atentos debemos estar de nosotros mismos. Debemos estar alertas de cada uno de nuestros pensamientos y emociones.

Las emociones juegan un papel esencial en los momentos de crisis. Si te dejas dominar por ellas en lugar de guiarlas, podrías tomar decisiones apresuradas. El saber detectar, guiar y transformar tus emociones durante los momentos de crisis, te dará la gran ventaja de elegir y tomar decisiones y acciones más adecuadas.

Ahora bien, no significa que una vez que tomas una decisión o acción, todas las piezas del rompecabezas de tú vida se acomodaran y estarás disfrutando mágicamente de un bienestar, o el resultado deseado. Todo es un proceso y las caídas son parte de él, aprende de ellas una y otra vez y sigue adelante.

Si quieres éxito en la vida aprende a caerte y levantarte. Aprende de tus caídas durante tus procesos de crisis, evalúalas y hazlas parte de tu camino. La forma en que respondas a cada caída que experimentas te hará más creativo, más fuerte mentalmente y fortalecerá aún más tus objetivos.

Si aprendes a descubrirte en cada caída y reconocer todo lo que eres capaz de lograr, las crisis sólo serán recordatorios que te demostrarán una y otra vez la gran fortaleza interna que tienes. Las crisis te permitirán tomar acción hacia nuevas metas que quieras alcanzar, o que durante tu camino en la vida se te olvidaron que existían, pero que están guardadas en lo más profundo de tu mente y corazón. ¡Despiértalas!

Algunas situaciones se pueden predecir y estar más preparados ante ellas, otras llegan sin aviso alguno, creando caos e incertidumbre. Por otro lado, es ahí cuando no vemos la salida o no entendemos la situación, que nuestro poder interno nos guiará. Es una nueva forma de experimentar la vida y vivirla.

Nadie es inmune a esos momentos de indecisión, pero es una decisión personal el poder otorgar toda nuestra atención y confianza al proceso de crisis, que más que crisis, es una oportunidad de descubrimiento propio.

Es en el entendimiento de ti mismo y de saber quién eres en verdad, que podrás llenar tus propias expectativas y crear el cambio deseado por algún camino desconocido. El punto clave es cuando aceptas esa invitación a tomar ese camino donde no hay control o un destino fijo, sino sólo el deseo de decidir quién quieres llegar a ser en algún futuro.

Es sorprendente descubrir que tan poderosos y fuertes podemos llegar a ser después de una crisis. Es sólo después de una crisis que entendemos realmente nuestro gran privilegio como seres humanos, que es la capacidad de avanzar y dirigir nuestras vidas. Tener la capacidad de navegar con nuestras experiencias y confiar que cada una de ellas nos ofrece crecimiento y nos lleva a nuestro destino.

¡Es nuestra decisión identificar y convertirnos en todo aquello que deseamos o nos atrevemos a ser!

PLAN DE ACCIÓN

Acción 1: Si estás pasando por una crisis y aun no sabes cómo salir de ella, aparta momentos durante tu día para estar en silencio, siéntate o recuéstate y simplemente respira. Siente cada parte de tu cuerpo, agradécele cómo sigue respondiendo y respirando por ti.

Acción 2: Aprende a conocerte a ti mismo. Pregúntate una y otra vez qué sientes durante los momentos de crisis. Quizás sientes ansiedad, miedo, duda, frustración, coraje, impotencia, tristeza, culpa, etc. Identifica tus emociones, pero no tomes decisiones basadas en ellas, sé paciente ante los sucesos que no están en tu control y trabaja en aquellos que puedes controlar.

Acción 3: Has una lista de todos y cada uno de los desafíos que has enfrentado en tu pasado y cómo se solucionaron. ¿Qué acciones, actitudes, pensamientos, habilidades, y comportamientos tenías? ¿Cuáles fueron esos momentos clave que te dieron esperanza para seguir adelante?

Aprende a sentirte cómodo ante lo incómodo.

ETAPA 2

El Deseo de Algo Más

CAPÍTULO 2

"El éxito consiste en hacer cosas
ordinarias de manera extraordinaria"

\- Jim Rohn

UNO DE MIS GRANDES deseos
cuando era una niña, era terminar una carrera universitaria.
Para mí, el poder aprender cada día durante tantos años,
llenaba de gozo mi corazón. Desde muy pequeña era una
muy niña curiosa, llena de preguntas e inquietudes, buscaba
una respuesta para todo y deseaba saber más de lo que ya
sabía. Recuerdo levantarme con gran alegría cada mañana
para ir a la escuela y esperar con ansias la noche para que
comenzara un día más.

Sí, yo fui una de esas estudiantes que sacaba diez en
todo, que deseaba que se presentaran exámenes sorpresas,
exámenes orales en frente del grupo, y la que se sentaba

* * *

enfrente del salón. Deseaba absorber cada palabra de conocimiento de mis profesores.

Aunque no sabía qué era el éxito a mis cortos 4 años que comencé el prescolar, el deseo de aprender cada día e ir mejorando como ser humano se apoderó de mí y de cada una de mis acciones. Cada vez que terminaba una meta establecida en mi educación personal, me sentía exitosa, libre, satisfecha, feliz, me sentía en paz.

Tal vez los deseos de tu corazón sean totalmente opuestos o diferentes a los míos. Eso es lo más maravilloso de los seres humanos, que podemos ser tan iguales y a la misma vez tan diferentes. Por ejemplo, tengo amigas que tienen un ferviente deseo de formar una familia grande, casarse, tener hijos; otras que desean tener su propio negocio, ser independientes económicamente y disponer de cierta cantidad de dinero mensualmente, eso las haces sentirse exitosas; o quizá, el deseo de un gran amigo, que es el de convertirse en instructor de yoga, viviendo el día a día y viajando por el mundo impartiendo clases gratis a comunidades marginadas.

No sé cuál sea tu definición de éxito o los deseos que guardas en tu corazón, sólo sé que en el momento que empiezas tu camino hacia él, comenzará una aventura llena de sorpresas. Experimentaras cambios inesperados, subidas y bajadas que te harán sentirte vivo, te harán ver y vivir la vida desde otra perspectiva, tu perspectiva. ¿No es acaso maravilloso?

EL PROCESO

El proceso al emprender el camino al éxito es desafiante, ya que durante el trayecto se experimentarán diferentes etapas que ya mencionamos al principio de este libro. Cada etapa traerá consigo un resultado y su propio desafío, y detrás de cada desafío encontrarás una fortaleza.

Existen etapas en cada ciclo y proceso de la vida, por ejemplo, en el proceso agrícola primero se requiere una preparación de la tierra, luego la siembra, el riego y al final viene la cosecha. En el proceso de la vida humana, existen la etapa prenatal, infancia, niñez, adolescencia, juventud, madurez y la ancianidad. El proceso es parte fundamental en la culminación de tus objetivos, ya que te llevará paso a paso en el desarrollo de tu ser.

De igual forma, el éxito tiene sus propias etapas y procesos. La diferencia en comparación a otros ciclos es que las diferentes etapas no llegan en cierto orden o de forma fija, estas se pueden experimentar de forma continua, alternada o en pausas.

Por ejemplo, podrías tener un momento de inspiración cuando menos lo imaginas e inmediatamente vivir una crisis, o podrías vivir una crisis antes de que te llegue ese momento de inspiración. Tal vez tomes acción sin tener un plan establecido o concreto y después tomes consciencia de lo que realmente quieres, cambiando totalmente tu plan y el resultado esperado. No existe un orden establecido.

Por otro lado, el proceso cuando deseas algo más en tu vida es una etapa agridulce durante el diseño de tu éxito, porque a la misma vez que estás deseando y visualizando tus objetivos y metas, quizás no tienes aun los recursos, ideas, personas o plan necesario para alcanzarlos. Eso crea una angustia interna y te puede desilusionar. Sólo ten paciencia en este proceso.

Durante esta etapa, cada experiencia vivida traerá consigo una idea, un pensamiento, una decisión o indicación que te guiarán hacia un nuevo camino. Cada resultado vivido, ya sea el que busques o no, sumará experiencias e información que te llevará paso a paso a tu meta y éxito total. Las posibilidades son infinitas. Confía en el proceso, confía en ti. Al final, *es sólo en el caminar lento y pausado que se puede disfrutar del paisaje*.

LA RESPUESTA ESTA EN EL CAMBIO

El deseo por algo más comenzará en el momento que te sientas inconforme con tu vida. Esa inconformidad que te hace pensar que puedes vivir de diferente y mejor forma. Desde luego, la inconformidad requiere de cambios en tu vida, no se puede obtener más, o un resultado diferente, estando en la misma situación o posición actual. El cambio es parte esencial en tu éxito. Aprende a detectar tu inconformidad. Aprende a darle la bienvenida a esos cambios o momentos que llegarán muchas veces sin aviso alguno.

Pero ¿porque resistirnos al cambio cuándo sabemos de ante mano que es parte del proceso de la vida? Tal vez por miedo, miedo a lo desconocido, la incertidumbre, el dolor, etc. Y el problema no es el cambio en sí, sino la inseguridad de que quizás no tenemos la capacidad para adaptarnos y crecer ante él.

Aunque te esfuerces por mantener tus circunstancias o situaciones actuales intactas, todo cambia. Los seres humanos cambian, la naturaleza cambia, las situaciones cambian, la vida cambia, tú cambias. Es parte de tu proceso. *No puede existir el deseo de algo más sin un cambio de por medio.* El desear algo más es sólo una indicación de que estas inconforme en algún área de tu vida.

En el momento que desees algo más y este requiera un cambio, obsérvalo y tómalo; fluye con él, crece y evoluciona. Es importante aprender a sentirnos cómodos ante lo incómodo. No te aferres a evitar ese sentimiento, pensamiento o escapar de él, sólo te causará frustración y desaliento. Por el contrario, analiza cómo puedes utilizarlo a tu favor.

Cuestiona por qué te cuesta aceptar el cambio, busca respuestas. Es sólo a través del valor de esas respuestas que encontrarás los verdaderos deseos de tu corazón. Observa lo que el cambio genera en ti, busca el cambio consciente y arduamente, adáptate a él rápidamente y disfruta cada paso y momento vivido.

Decide cambiar por ti mismo y haz del cambio una oportunidad de vida. Además, no hay mejor cambio, que aquel que es producido por ti mismo. Cuando por decisión propia cambias tu forma de pensar, de ver la vida, tus deseos o pensamientos, un ser más fuerte y sabio se construye en ti.

Descubrirás que el deseo por algo más es recompensado cuando se vence la resistencia y el miedo a cambiar. Cuando se acepta y se entiende que el cambio es esencial para nuestra propia evolución, todo fluye. INTÉNTALO – tal vez descubras en ti a un ser humano libre y deseoso de cambiar por decisión propia. Recuerda que el cambio es sólo un paso más en el diseño de tu propio éxito.

SECRETO

Quizás deseas algo más en tu vida, pero tu día a día te mantiene ocupado; piensas tal vez que será mejor esperar un poco más, aguantar un día más. Sin darte cuenta, esos días se convertirán en meses, esos meses en años y esos años en toda tu vida. Y ahí te quedas, deseando y queriendo ser alguien más, alcanzar una vida más placentera y *esperando un futuro que nunca llega.*

Cuando no quieres seguir experimentando lo mismo en tu vida, comienza un pequeño cosquilleo en tu mente que te hace pensar que podría haber algo más que sólo dormir, comer y cumplir con las obligaciones diarias. Tu corazón comienza a desear algo más para experimentar.

La rutina cansa y adormece al ser humano. Sin darte cuenta, poco a poco la rutina va desmoronando los sueños que algún día quisiste realizar. Llegamos a vivir de forma automática, sin reconocernos a nosotros mismos o cómo llegamos a esa situación. ¿Te ha sucedido?

El deseo de experimentar nuevas cosas y sensaciones es una indicación de estar vivos; el simple hecho de imaginarte ser y tener algo más, enciende una energía interna que hace vibrar tu espíritu de esperanza y alegría; el simple hecho de añorar una vida diferente y de forma consciente es parte esencial del ser humano.

Tus deseos pueden ser muchos y muy válidos. Tal vez deseas viajar por el mundo, tener tu propio negocio, estudiar algo en especial, tener una familia, vivir con menos obligaciones o con cierto estilo de vida, aprender alguna habilidad nueva, ayudar a tu comunidad, cuidar el medio ambiente, etc.

El deseo de algo más es la motivación del ser humano a seguir creciendo, aprendiendo y experimentando, y es sólo a través de los deseos que se crean las cosas. El deseo de algo más puede llegar de varias formas a tu vida, tal vez de forma consciente o inconsciente, en un segundo o través de un espacio de tiempo. No importa cómo aparezca en tu vida, es parte de tu identidad y autorrealización como ser vivo. Lo que te hace único es esa capacidad de consciencia y poder para evolucionar. Identifícala.

El secreto radica en estar atento a todas esas pequeñas señales, ideas o pensamientos que llegan inesperadamente y te invitan a construir. Se consciente y absorbe todo lo que pasa a tu alrededor diariamente, atrapa esos momentos, ahí puede surgir tu deseo de lograr algo más y los recursos para obtenerlo. ¡Mantente atento y se curioso!

Ahora es importante reconocer y tener cuidado cuando el deseo de algo más llega a tu vida por decisión propia, o inculcada por algo o alguien más. Es un hecho que cuando vives logrando deseos o metas ajenas, la insatisfacción personal será constante.

Por ejemplo, aquellos jóvenes que estudiaron ciertas carreras para complacer a los padres viven frustrados y con grandes deseos de hacer algo más. La decepción aumenta cada vez más cuando se dan cuenta que no era lo que esperaban, creando una vida llena de autoengaño.

Por otra parte, cuando tus deseos nacen de ti y de tus anhelos, no habrá presión social o familiar que te haga cambiar de rumbo. Persistirás ante cualquier contratiempo, desafío o retraso en la realización de tus metas, porque sabrás que estás diseñando el éxito que tú deseas y esperas para ti.

EL DESEO MÁS FUERTE

Uno de los deseos más fuertes que quizás experimentarás en tu existencia es el de encontrarle sentido a tu propia vida. El saber o entender por qué estás en este mundo, cuál es tu propósito y por qué tiene valor tu existencia.

Aquellos que lo han descubierto recorrieron un largo camino a través del descubrimiento interno continuo, han sentido una verdadera satisfacción al saber el motivo de su existencia. Sin embargo, todo comenzó con un deseo, su deseo de vivir una vida con propósito, realizar o experimentar algo diferente.

¿Qué deseas tú? ¿Cuál es tu propósito de vida? ¿Qué le da significado a tu existencia? ¿Acaso te has preguntado por qué tienes esos deseos en tu corazón?

Todos y cada uno de esos deseos que guardas en tu corazón se te han concedido porque eres capaz de hacerlos realidad. Solo tú puedes darles vida. No dejes que mueran dentro de ti.

EL CONFORMISMO TE APAGA

Una de las maravillosas virtudes del ser humano es ser eternamente disconforme, y digo maravillosa virtud porque es sólo a través de la inconformidad que se han logrado grandes inventos que han revolucionado nuestro mundo.

Es sólo a través de la inconformidad que podemos alcanzar nuestro potencial y seguir puliendo nuestra vida. Es sólo a través de la inconformidad que podremos lograr nuestro cometido de perseguir verdaderamente nuestros sueños y metas en la vida.

Al conformarnos con lo que somos y lo que tenemos, aun cuando tenemos la capacidad y habilidades de lograr algo más, estamos minimizándonos a nosotros mismos. Estamos minimizando nuestro poder y capacidad como seres humanos.

Cuántas veces hemos tenido la oportunidad de crecer más, tener, aprender y evolucionar; sin embargo, preferimos conformarnos donde estamos, ya sea porque estamos cómodos y no queremos la disciplina o no deseamos ser calificados como avaros o ambiciosos.

El conformismo te apaga, apaga tus sueños, apaga tus ganas de luchar, apaga tu vida misma. No te conformes y esperes que la rutina te apague lentamente. La vida es más grande de lo que te muestra la realidad; eres más grande que tu situación actual y tus problemas. Eres más grande que tu propia libertad. La libertad es mental y sólo se obtiene cuando estás dispuesto a superar tus propios límites. Tienes la capacidad de lograr tus metas y crear nuevas realidades. Todo comienza, en el momento, que escuchas los deseos de tu corazón.

Esa inconformidad es la puerta que abrirá tu deseo a algo más. No la dejes pasar. Por ejemplo, si llegas a estar inconforme en tu trabajo actual, pregúntate ¿qué tipo de trabajo quiero? ¿Qué trabajo disfrutaría hacer? ¿Que necesito para lograrlo? Cuestiónate y empieza a imaginar tu trabajo ideal. ¿Qué necesita tener ese trabajo para tu sentirte pleno en él? Te darás cuenta de que entre más lo piensas más ganas te darán de tenerlo.

El error que se comete cuando llega la inconformidad es sólo hablar de ella y quejarse, continuando con la situación actual, sin tomar ninguna acción. Esto crea un hábito de insatisfacción continua y se pierde toda esperanza a que llegue algo mejor.

No te conformes, diseña esa vida que tanto deseas. Los deseos de tu corazón son avisos internos para descubrirte. Pierde todo lo que eres y reinvéntate en todo lo que podrías ser. En el momento que despiertes ese deseo de tu corazón por algo más, por *tener* algo más, querer *vivir* algo más, de *ser* algo más, comenzará el verdadero diseño de tu propio éxito. Tienes un gran poder dormido dentro de ti. ¡Despiértalo!

PLAN DE ACCIÓN

Acción 1: ¿Qué cosas te gustaría mejorar en tu vida? ¿Tal vez un trabajo mejor pagado? ¿Tener más tiempo para estar con tu familia? ¿Quizá una casa en un lugar diferente? Piensa en todos aquellos deseos de tu corazón que durante el tiempo se fueron apagando lentamente.

Acción 2: Haz una lista de aquellas cosas que causan frustración en tu vida, evalúalas. La frustración es una indicación que algo tiene que cambiar, interna o externamente; es la señal de que deseas algo más. Tómate el tiempo de reflexionar sobre esas cosas y las posibles decisiones que se deben tomar para cambiarlas, mejorarlas o eliminarlas.

Acción 3: Una vez identificada y evaluada la situación, toma la decisión de cambiarla, no te aferres a una situación por el miedo a no enfrentarte al cambio. El miedo al cambio disminuye en el momento que se toma acción.

No puede existir el deseo de algo más sin un cambio de por medio.

ETAPA 3

Tu Consciencia, Tu Guía

CAPÍTULO 3

"Mi conciencia tiene para mi más peso
que la opinión de todo el mundo."

-Cicerón

EL SIGUIENTE PASO HACIA el
éxito es tener consciencia de uno mismo, consciencia de la
inmensidad de nuestro poder de creación. Al momento que
eres consciente de que tienes la capacidad de crear, planear
y alcanzar tus objetivos, una fuerza interna se activa. Nuevas
soluciones y oportunidades llegan a tu vida, la confianza en
ti mismo crece y una nueva oportunidad para diseñar tu éxito
está en tus manos. Identifícala.

Cuando menciono la consciencia, me refiero al
conocimiento que tienes de ti mismo, de tu propia existencia,
de cada uno de tus actos o acciones, de la totalidad de tu
SER; esa consciencia que te fue dada y que poco a poco te

hace reflexionar sobre lo que eres capaz de lograr. La consciencia de tus pensamientos y el poder de acción.

Ahora, no confundamos la consciencia con tener autoconfianza. La autoconfianza es la seguridad y creencia de realizar algo que has cultivado a través de los años; la autoconfianza es una habilidad que se puede desarrollar y se hace más fuerte con cada objetivo que logras en tu vida.

La consciencia, por otro lado, es tu poder interno que te indica qué tan sincero eres contigo mismo en cada aspecto de tu vida. Por ejemplo, cuando empezamos a vernos realmente tal como somos, nos hacemos conscientes de nuestros miedos y defectos y los aceptamos, en lugar de huir de ellos; comienza una tregua interna. La armonía de tu SER tiene un mismo objetivo y una misma dirección, tu mejoramiento continuo. Y todo comienza con una consciencia clara y firme.

Por supuesto, habrá esos momentos de consciencia en los que no te gusta lo que ves o lo que eres. Tal vez no has logrado las metas que algún día te prometiste obtener, no tienes aquello que tanto anhelabas o simplemente se te fue la vida sin meta alguna; o quizás no has aprendido a reconocer tu grandeza.

Es normal sentir esos periodos de inconformidad con nosotros mismos, son etapas que surgen en algún momento de nuestra vida por diferentes razones. ¿La ventaja? Es que estas etapas pueden tener fecha de caducidad, si así, tú lo decides.

La clave está en ver tu realidad tal como es, sin quitarle nada o aumentarle más. *El enmascarar aquello que no te gusta, sólo te dará una excusa o justificación para quedarte en el lugar que te encuentras.* Toma consciencia. Es a través de esa consciencia que despiertas, que puedes ver tu realidad absoluta y, es entonces, cuando puedes decidir modificarla, cambiarla o aceptarla.

Si ese momento llega a tu vida, en el que no estás satisfecho contigo mismo, aprende de él; se responsable de las decisiones que en algún momento tomaste en el pasado y que te han llevado a tener la vida que tienes hoy. Eso es crecer, madurar y aprender.

MI EXISTENCIA

Durante un tiempo no me gustaba mi vida ni la situación en la que me encontraba. No tenía metas, sueños, no sabía hacia donde se dirigía mi vida. Aun cuando surgía ese deseo de lograr algo más y saber que tenía la capacidad, no sabía cómo lograrlo, me daba miedo, me sentía incompetente y vacía. Era como si estuviera en el limbo, como solía decirle a mis amigas, sostenida por un inmenso globo en medio de la nada. Veía todo a mi alrededor oscuro, viviendo sin dirección alguna. Era un sentimiento de frustración muy fuerte.

Cuando llegas a estar en esos momentos desafiantes, surgen dudas y preguntas que no sabes cómo contestar. Te llegan a la mente pensamientos catastróficos y situaciones que, te convencen de que no hay forma de salir y lograr el éxito. En mi caso, aprendí que es precisamente en esos momentos de duda, que la consciencia de uno mismo toma forma.

Por ejemplo, es la consciencia de tu ser y tu capacidad infinita de creación, que te podrán proporcionar todas las herramientas necesarias para enfrentar los desafíos, circunstancias y cambios que se presentarán a lo largo de tu vida. Será tu consciencia la que te ayude a identificar cómo, tus acciones y decisiones, son las que te acercarán o alejarán de tus objetivos. ¿Cómo?

ENCUENTRA TU PROPIO VALOR

¿No sería maravilloso que, en cualquier momento que decidamos emprender algo o cambiar algo en nuestra vida, recibiéramos apoyo incondicional y palabras alentadoras? Desafortunadamente, no todo el que escucha nuestros planes se alegra por nosotros.

Nunca olvidaré aquella tarde que le dije a uno de mis jefes, mientras trabaja en un restaurante en Estados Unidos, que deseaba ir a la universidad. Él, mirándome directamente a los ojos, soltó una carcajada y me dijo: "por Dios, si ni siquiera sabes hablar inglés, ¿qué te hace pensar que algún día podrás ir a la universidad?" Sus palabras rezumbaron y tomaron tanta fuerza en mí, que aun después de haber terminado la universidad y la primera de mis maestrías, aún seguían vigentes sus palabras. Creía que en verdad no podía hablar inglés. Dejé pasar oportunidades de trabajo, conocer gente, crear nuevos proyectos, de sentirme cómoda conmigo misma por creer las palabras que este hombre dijo: *"ni siquiera sabes hablar inglés."* Permití que alguien más definiera mi capacidad, mis talentos, mis anhelos y le di más valor a una persona ajena que a mí misma.

Fue hasta que recobré mi consciencia y aprendí, tal como lo menciono en mi libro "Mi Mejor Enemiga" que la vida y el valor de una persona comienzan desde el interior, tomando decisiones bajo nuestras propias expectativas, aun cuando alguien más no crea en nosotros.

Es a través de esa consciencia en nosotros mismos que nos liberamos del miedo. Es un proceso largo y profundo obtenido a través de la vida, experiencias propias, honestidad y lealtad, no hacia los demás, sino hacia uno mismo.

CAMBIA TU HISTORIA

Es un desafío encontrar tu propio valor, y aún más cuando el ambiente a tu alrededor provoca esos sentimientos de duda en ti mismo. Otras veces es tu propia consciencia la que te limita, debido a creencias centrales o externas impuestas por otros, o aprendidas a través de los años de vida.

Tal es el caso de aquellas personas que, desde muy pequeños, les dijeron que no podían lograr nada o ser nada y se lo creyeron; fueron eliminando poco a poco lo que su consciencia les decía, que eran únicos. O aquellos que, en su deseo de agradar a otros, sus padres, amigos o círculo social, deciden no seguir el anhelo de su corazón para continuar recibiendo la aprobación ajena, o evitar el juicio.

Si ese ha sido tu caso, es momento que recuperes tu verdadera identidad. Entre más consciente estás de ti mismo y de tu grandeza, más lejos podrás llegar. El estar consciente de lo que eres y no eres capaz de hacer en todo aspecto de tu vida, es una gran ventaja.

Es tu consciencia la que te proporcionará el valor propio en el preciso momento de duda, miedo y deseo de renunciar. Sólo está en ti identificarla, cultivarla y permitir que sea parte integral en tu vida. Conócete y escucha esa voz que se ha callado por tanto tiempo. ¡La voz de tu consciencia!

ARMONÍA

El punto de partida está en reconocer, sin lugar a duda, el poder de nuestra consciencia y el papel que tiene al guiar nuestra vida. ¿No te has preguntado alguna vez por qué algunas decisiones son más fáciles de tomar y otras te toman más tiempo? ¿Por qué cuando tomas algunas acciones te sientes feliz y otras veces hay algo en ti que no te deja disfrutarlas?

Bueno, es porque, tu consciencia, ese conocimiento interno de ti mismo, te está indicando que no hay armonía en tus actos. Es tu consciencia la que te ayuda a cuestionar tus decisiones y acciones para el beneficio absoluto de tu propio ser. *Cuando algo no está en armonía para la evolución absoluta de tu ser, entrarás en conflicto contigo mismo.* Aun cuando justifiques continuamente tus actos.

Por ejemplo, en el momento que surge tu deseo por algo más en tu vida, será tu propia consciencia la que te hará reconocer tu capacidad para alcanzar esas metas y anhelos. La consciencia es una gran aliada en la construcción de tu vida y la búsqueda por el éxito propio. Sólo está en saber despertarla y usarla de manera estratégica. ¿Cómo? Identificando tus valores.

TUS VALORES

No importa que tan consciente estés de tu grandeza y de lo que deseas alcanzar, si no está alineado con aquello que valoras y respetas, la culpa estará presente en cada decisión que tomes.

Tus valores son aquellas pautas de comportamiento que guían tus acciones, es decir, los valores sirven como guía para hacer de tus decisiones algo congruente. Si antes de tomar una decisión, te brinda una sensación de paz, está alineada con aquello que valoras.

Por ejemplo, si estás consciente de tu capacidad para empezar tu propio negocio y trabajar largas horas, pero si el tiempo con tu familia es algo que valoras profundamente, te causará frustración y culpa el tiempo dedicado a tu negocio mismo. Quizá emprenderás el negocio, pero aun su éxito será agridulce. Es ahí donde la consciencia se vuelve importante en nuestra vida.

Nuestra consciencia es la que nos guía, nos advierte, nos convence de cada una de nuestras acciones y decisiones. Sólo tu consciencia, desde un punto de reflexión y empatía, podrá indicarte qué camino tomar, qué personas buscar y qué decisiones postergar. Sólo que, en muchas ocasiones, no le prestamos atención.

ESTAR CONSCIENTES CADA MOMENTO

La consciencia nos brinda la oportunidad de sentirnos vivos, de planear y disfrutar nuestros éxitos y aprender de nuestras lecciones. El estar conscientes en cada instante de nuestras vidas, cada momento vivido, cada acción tomada y cada pensamiento es un privilegio que al ser humano le fue concedido. Sólo que se nos olvida en nuestro diario vivir.

Es tu consciencia la que hace de tus oportunidades un escalón para avanzar o un hoyo para estancarte. Por supuesto, la sabiduría de elección que proviene de ella es una responsabilidad única e individual, porque de la misma forma que goces tus triunfos, enfrentaras tus retos. ¡Veamos!

Tu consciencia te da el poder de moldear, aceptar o rechazar aquello que te ayuda o perjudica; algo que no se logra con sólo pensarlo, sino a través del autoconocimiento y la honestidad hacia uno mismo. Por supuesto, este es un proceso que requiere de mucha paciencia. Fácil no es, pero imposible tampoco.

Por otro lado, si estas consciente de que lo que estás haciendo no te satisface, te hace feliz o te complace, y aun así decides continuar en ese camino... *adelante*. Es mejor hacer algo consciente de las consecuencias y enfrentarlas, que vivir en el autoengaño y alimentar la agonía interna. No hay peor mentira que la que nos decimos a nosotros mismos.

La consciencia es pieza clave en el diseño de tu propio éxito. Esta ahí esperando ser descubierta y utilizada, e indicarte el camino a seguir. El desarrollar tu consciencia es cuestión de práctica diaria. Si aún no has logrado hacerla parte de ti, sé paciente contigo mismo.

* * *

El primer paso para tener a tu consciencia como aliada es cuestionarte: ¿Quién soy yo? ¿Qué quiero? ¿Qué me hace feliz? ¿Que creo? ¿Por qué lo creo? ¿Qué estoy dispuesto a hacer para alcanzar mis metas? ¿Mis metas son mías o impuestas por otros? ¿Qué es el éxito para mí? Estas y muchas preguntas más son la base para crear una consciencia propia y única, identificada desde tu propio ser.

CUESTIÓNATE

Tu cuestionamiento propio te dará la respuesta correcta a cada una de estas preguntas. Entre más profundo sea tu autoconocimiento, más claro será tu objetivo. Este te llevará a encontrar un nuevo camino, una nueva forma de pensar, hacer las cosas y vivir sin restricciones mentales. Disfrutaras sólo aquel éxito que está diseñado por ti y a tu medida.

Sólo sé sincero contigo mismo, a la consciencia no se le puede engañar o manipular, ella te conoce muy bien y sabe de todo lo que eras capaz de lograr. Ella sabe lo que te sostiene cuando todo a tu alrededor cae en pedazos, sabe qué tan fuerte eres interiormente y qué tan frágil aparentas ser.

Por último, cuestiónate continuamente cuando algo no vaya de acuerdo con tu filosofía de vida, comprométete contigo mismo a ser fiel a tus principios y valores. Cuando te comprometes con tu consciencia y formas una alianza con ella, tu conocimiento propio aumentará, tu autoestima comenzará a surgir y tus ideales te guiarán a ese éxito que sólo tú sabes que te pertenece y nadie más podrá lograr. ¡¡¡¡DESCÚBRETE!!!!

PLAN DE ACCIÓN

Acción 1: Conócete nuevamente. Crea una lista de todo aquello que te gusta o te gustaría hacer o tener. Identifica en esa lista cuales son deseos tuyos o si son sugeridos por alguien más.

Acción 2: Haz una lista de las cinco cosas que más valoras en tu vida, aquellas que son esenciales para ti; por ejemplo, familia, dinero, salud, amor, educación, espiritualidad, etc. Después, identifica cual de tus actividades diarias interfirieren con aquello que realmente valoras.

Acción 3: Identifica las emociones principales que se producen en ti cada día. ¿Qué sentimientos te produjo? ¿Qué pensamientos surgieron? Aprende a conocerte a través de tus emociones, toma consciencia de ellas. Cada emoción te brinda un mensaje, escúchalo.

Es nuestra consciencia la que hace de nuestras oportunidades un escalón para avanzar o un hoyo para estancarnos.

ETAPA 4

INSPIRACIÓN

CAPÍTULO 4

"Normalmente la inspiración divina
llega cuando el horizonte es más negro"

-Indira Gandhi

¿CUÁNDO FUE LA ÚLTIMA VEZ
que sentiste un deseo ardiente de comenzar un proyecto
nuevo, escribir algo, compartir una idea, empezar un negocio
o algo más? Esos momentos de creatividad que, de pronto,
llegan a nuestra vida y nos inspiran. Esos momentos que, sin
importar el cómo o cuando, sentimos que podemos lograr
nuestras metas. Esa chispa de inspiración que despierta en ti
el deseo de ir por más, hacer más, SER más.

En el diseño de tu éxito, la inspiración es esencial,
aparecerá en tu vida de una u otra forma. Algunas veces la
inspiración llega cuando menos la esperas, otras veces la
buscas; sin embargo, no habrá inspiración que perdure o

tenga frutos si no está basada en la creencia de uno mismo, el creer en tus habilidades y recursos. El saber que tú puedes lograr tu objetivo sin buscar imitar, copiar o compararte con alguien más.

Por otro lado, tal vez nunca te has sentido inspirado a lograr nada, tal vez nunca has querido emprender nada porque no sabes lo que quieres o tal vez simplemente no sabes cómo inspirarte. Si es tu caso, ten paciencia contigo mismo.

La inspiración llegará cuando menos la esperes o la busques. Está en tu interior, sólo hay que conectarse con ella. Esta puede llegar a través de una conversación, una acción, una melodía, una palabra, un conflicto, una sonrisa, una frustración, un sueño, un desafío o a través de la calma total. Está ahí, espérala o búscala.

INSPÍRATE EN SER TÚ MISMO

Sólo ten cuidado de no buscar la inspiración a través de la competencia o imitación. La verdadera inspiración surge desde tu interior y es cultivada por ti mismo. La inspiración simplemente aparece cuando tú estás listo para evolucionar en tu propia esencia. Es un regalo hecho exclusivamente para ti. Identifícalo y atesóralo.

Quizás la vida de otros seres humanos te inspire a lograr más, tal vez te sientes identificado con sus historias de vida y te llega el deseo de seguir sus pasos. Es alentador poder tener una guía sobre cómo deseas tu futuro; sin embargo, no confundas la inspiración que sientes por alguien más, con el deseo de imitarlo. Cada ser humano es único. Tú eres único y especial.

Cuando buscas ser alguien que no eres, tener las cosas que alguien más tiene, vivir lo que otros viven, te estás limitando, estás limitando el desarrollo de tus talentos únicos. Cuando te comparas o compites con otros, tu camino es lento y tu propio desarrollo se colapsa en algún momento. Por otro lado, cuando buscas alcanzar la versión más grande de tu ser, la posibilidad de mejorar cada día es infinita. Eso se logra a través de tu propia aprobación, admiración y respeto.

Busca la inspiración en tu propio ser, busca inspirarte contigo mismo y aprobarte, alégrate de tener habilidades que otros no podrán desarrollar. Te fueron dadas sólo a ti. No necesitas imitar o copiar a alguien más para ser aprobado, sentirte bien contigo mismo o saber que tienes valor. No importa lo mucho que lo intentes, no podrás agradar a la gente todo el tiempo. El buscar la aprobación constante de los demás, puede frustrarte y enfermarte. ¿Por qué?

La constante necesidad de sentir aprobación ajena y palabras de aceptación, va creando máscaras y te roba la libertad de ser tú mismo, roba tu manera única de ver el mundo. La constante búsqueda de aprobación te llena de culpa cuando no cumples con los deseos ajenos o haces algo que no quieres. La queja interna se agudiza continuamente. Aprendes a decir SÍ cuando quieres decir NO. Esto, con el paso del tiempo, va debilitando tu fuerza interior y amor propio.

Además, recuerda que el deseo continuo de imitar para ser aceptados trae consigo una bomba de tiempo que se activa cuando alguien te rechaza con un gesto, una palabra o una mirada. De un momento a otro, poco a poco tu propio mundo y amor propio se destruyen y junto con ellos tu inspiración. ¿La razón? Porque aun cuando llegara inspiración a tu vida, si no es algo que esté de acuerdo con lo que otros aprueban o con la imagen que deseas imitar o copiar, no tomarás acción alguna.

Sin embargo, cuando entiendes que eres único e inigualable, no hay necesidad de probar nada, no hay necesidad de ser una copia de alguien más, tú mismo empiezas a ver inspiración en todos lados; tu inspiración fluye y tus acciones dicen todo de ti. ¡Tú mismo te vuelves una inspiración!

HAZ QUE LAS COSAS SUCEDAN

Por supuesto, la inspiración está ligada con la acción, una vez que llega tenemos que darle vida. Ese es el desafío. Muchas veces, el pensar en todo aquello que necesitas hacer, cambiar o modificar para poder alcanzar tu propio éxito, hace más fuerte la idea de renunciar a él. El crear una rutina de disciplina y cambio de hábitos son algunas de las razones que más detienen al ser humano.

Por otro lado, si tu inspiración es clara y poderosa, tu deseo de renunciar a ella no será una opción para ti. En el momento que llegue esa inspiración a tu vida, no la soltarás hasta que se vuelva una realidad.

Aún recuerdo esa platica que tuve con una señora al tomar mi descanso durante uno de mis trabajos, me contaba todas y cada una de las cosas que ella deseaba hacer de joven y como la vida la fue llevando por un camino que nunca se imaginó. Compartió conmigo como deseaba viajar por todo el mundo y conocer nuevos lugares, culturas antiguas, gente apasionada y saborear exquisitas comidas hechas a mano; sin embargo, un embarazo no planeado la llevó a ser madre muy joven y dejar la escuela. Comenzó a trabajar para proveerle a su hija y sacar adelante su hogar. Todos y cada uno de sus anhelos los guardó en su interior, dándole prioridad a su hija y situación actual.

La vida dio muchas vueltas y llego el momento que su ingreso no era suficiente para sustentar los gastos de su hogar, que esta mujer decidió buscar nuevas formas de obtener dinero. Fue al llegar esta crisis a su vida, que ella encontró su propia inspiración y comenzó a hacer lo que mejor sabía y disfrutaba: cocinar. Empezó preparando comidas caseras y venderlas a domicilio. Tras mucha disciplina, enfoque y trabajo, en menos de 8 años, esta señora ya contaba con 3 restaurantes y 35 empleados. Llegó su inspiración cuando decidió escucharla.

Como se mencionó antes, la inspiración puede llegar en cualquier momento o circunstancia, tal vez después de una crisis. En el caso de esta mujer, la inspiración llegó a través de una oportunidad disfrazada de desafío. Le surgió el deseo de algo más que seguir en la situación que se encontraba, e hizo de su consciencia su mejor aliada; sólo tuvo que creer en sí misma, saber que podía lograrlo y tomar acción. Le dio vida a su inspiración.

VUELVE A TU INFANCIA

Una de las vías más rápidas para encontrar inspiración en tu vida es a través de la creatividad.

¿Recuerdas cuando eras niño? ¿Qué te gustaba hacer? ¿Qué superpoderes te imaginabas tener? ¿Recuerdas esos momentos en que sólo necesitabas tu imaginación para vivir aventuras inolvidables, viajes lejanos e inventos fuera de serie?

Cuando uno es niño, no hay límites en nuestra imaginación, un simple pedazo de madera podría llegar a ser un caballo, una lanza, una varita mágica, etc.

Lo maravilloso de ser niños es la creatividad que se tiene para crear mundos nuevos y realidades mágicas. No había necesidad de forzar nuestra creatividad, las ideas surgían y fluían sin resistencia alguna y nos hacían pensar, sentir, vibrar, vivir. Lo único que se requería de nosotros era usar nuestra imaginación, tomar acción y disfrutar del momento, vivir en el momento.

Esa misma creatividad que te inspiraba de niño a crear, experimentar y vivir mejores y grandes cosas ya la tienes en tu interior, está dentro de ti, despiértala. Confía en ella.

Algunas personas buscan los tiempos y espacios para sentirse inspirados a través de rituales o costumbres, sin éxito alguno. Otros buscan con desespero el sentir inspiración o una llamarada de ideas y poder recordarlas. En esos momentos que piensas que estas bloqueado o que la inspiración no forma parte de ti, no permitas que tus propias limitaciones mentales te cieguen ante la posibilidad infinita de creación. ¡Vuelve a tu infancia!

LA CURIOSIDAD

Cuando nacimos, todo era nuevo para nosotros, sonidos, colores, figuras, espacios, ideas y todo aquello que veíamos por primera vez. Nuestra curiosidad nos permitía absorber todo a nuestro alrededor, sin juicios o miedos, sólo con la inmensa curiosidad de entenderlo todo. Nuestra curiosidad infantil era una herramienta que activaba nuestra mente y despertaba nuestros sentidos, nos inspiraba a aprender, lograr, vivir; nos hacía sentir vivos. ¿Qué sucede con esta curiosidad?

Con el paso del tiempo, nuestra curiosidad la vamos atrapando y apagando poco a poco dentro de nuestro ser, dejamos de cuestionar, de crear y ver nuevas posibilidades; nos enfrascamos en un mundo lleno de suposiciones, ideologías y juicios. *Las experiencias vividas se vuelven más importantes que las experiencias por vivir, evaluamos compulsivamente los resultados y dando poca consideración a los procesos.*

Llegamos a creer que lo sabemos todo y que somos más grandes que la propia vida. Cuando creemos que no hay más por aprender, nuestra curiosidad va perdiendo fuerza y, con ella, las posibilidades de inspiración y el deseo de lograr más.

En el momento que aceptemos que todo tiene fecha de expiración y que es esencial seguir creciendo, aprendiendo y creando, la humildad que de niños gozábamos resurgirá. La curiosidad por aprender nos mantendrá interesados en la vida, el aprender se volverá nuevamente un juego, el crear, una opción y la inspiración una realidad.

Simplemente tienes que estar alerta cuando llegue y no te encuentre distraído en tu rápido y estresado vivir. Cuando estés completamente en el presente, consciente, curioso y abierto a nuevas experiencias, tu mente se activará y la inspiración tomará forma y camino. Está en ti el estar alerta a esos momentos de curiosidad e inspiración que te llenan de ilusión y te abren la mente a la creatividad y al mejoramiento propio. Al final, *es en la simpleza de la vida que la vida misma aparece.*

ESTÁ DENTRO DE TI

A lo largo de la historia, la música, el arte, la naturaleza y él aroma han sido fuentes de inspiración para artistas y compositores. En otros casos, probablemente, su inspiración ha llegado de forma espontánea después de un momento de frustración, tristeza o coraje. Su inspiración les ha sido revelada a través de estos canales; sin embargo, es la fuerza interna que los ha llevado a tomar acción.

Esa misma fuerza que tú y yo poseemos, que quizá simplemente te llega al sentirte feliz, tranquilo o en paz contigo mismo; en otras palabras, *tu inspiración es la oportunidad que te da la vida para revelar tu esencia y brillo al mundo.*

En realidad, no importa cuál sea la fuente que despierte tu inspiración, esa es sólo una pequeña ventana a la energía de tu ser y de lo que llevas dentro. Una vez que te conectas contigo mismo, esa luz ilumina tus pensamientos, sentimientos y acciones. Una parte de ti se activa y comienzas a vivir y respirar con un sólo objetivo en la mira: *TU META.* Sientes una pasión desmedida y un deseo ardiente de sólo ver el resultado en su forma física, porque el resultado final ya lo has visto, sentido, vivido y gozado de forma mental. ¿No es eso acaso increíble?

INMORTALIZA TUS PENSAMIENTOS

Los momentos de inspiración llegan tan rápido y son tan fugaces que, es crucial el estar preparados en todo momento. Cuando te llegue la inspiración, toma acción inmediatamente y comienza a hacer realidad esos pensamientos y emociones de una u otra forma. Al no darle vida a tus inspiraciones, se quedarán como sueños sin realizar e ideas vagas que se desvanecerán en el abismo de tus pensamientos.

¿No te ha pasado que te llegó una idea, crees que podría ser un gran invento y no haces nada al respecto para después verla en las tiendas, vendiéndose? A mí me ha pasado y ahora entiendo la importancia de tomar acción.

Tal vez, cuando llegan esos momentos de inspiración a tu mente, estás ocupado en otras actividades, hay gente a tu alrededor o simplemente no sabes cómo o qué necesitas para realizarla. Ten contigo en todo momento, algo en donde puedas escribirla. Esto te dará la posibilidad de revisarla en otro momento o cuando tengas más tiempo para reflexionar sobre ella. El simple hecho de escribir la idea que te llegó, la estas inmortalizando.

Inmortaliza esos pequeños momentos de creatividad, ilusión y deseo. Escríbelos. No sabes cuál de todas las ideas que surgen te llevarán a la culminación total de tu ser. Es cierto que no todas las vas a realizar, pero por lo menos estarás entrenando a tu cerebro a desenvolverse y estar abierto a nuevas posibilidades de existencia y creación.

Por si fuera poco, el tener tu idea en papel te dará otra visión de cómo lograrla. Te brindará la oportunidad de crear un plan de acción y ver todas y cada una de las posibilidades disponibles para ti.

Algunas personas no ven la necesidad de escribir sus ideas o tener un plan para ellas. Es una decisión personal. Por otro lado, aquellos que plasman sus ideas en papel o las escriben, les es más sencillo y claro poder moldearlas y jugar con ellas, a comparación de aquellos que lo hacen mentalmente. La decisión es tuya.

Ahora, una vez que tienes tu meta sobre papel es necesario pasar al siguiente paso, el desarrollo de una estrategia. La estrategia te servirá como guía para obtener el resultado final y te dará pistas claves de cómo realizarlo. Te dará una mejor visión de lo que necesitas para alcanzarla, cuánto será el tiempo límite, qué obstáculos pueden aparecer, qué resultado buscas, cómo resolverás los desafíos, etc. Tener una idea clara de lo que quieres y cómo lo quieres, hará más sencillo el proceso para conseguirlo. La claridad te da poder.

PLAN DE ACCIÓN

Acción 1: Comienza a crear un folder de ideas e inspiraciones. Simplemente, cada vez que te llegue una idea, escríbela. No la juzgues, sólo escríbela. Puedes usar tu celular, una libreta o grabarla. Después, cuando tengas tiempo, analízala. El mantener un registro de tus ideas te dará la oportunidad de conocerte y ver tus diferentes perspectivas.

Acción 2: Empieza cada día con una curiosidad absoluta. Pregúntate continuamente por qué las cosas funcionan de cierta forma, cómo se podrían mejorar. Esta práctica te mantendrá consciente y atento en el momento presente.

Acción 3: Imagina cómo eras de niño. ¿Cuáles eran los juegos que te hacían sonreír? ¿Qué historias inventabas para divertirte? ¿Cómo usabas tu imaginación? ¿Qué habilidades, gustos, pensamientos y actitudes tenías? Identifica cómo despertabas tu creatividad y la transformabas.

Tu inspiración es la oportunidad que te da la vida para revelar tu esencia y brillo al mundo.

ETAPA 5

LA ESTRATEGIA

CAPÍTULO 5

"Estrategia sin táctica es el más lento camino hacia la victoria. Las tácticas sin estrategia son el ruido antes de la derrota."

- Sun Tzu

UNA DE LAS GRANDES frustraciones en el camino al éxito es llegar a tener esa inspiración interna, ese pensamiento creativo y no saber cómo lograrlo o hacerlo realidad. El no saber qué pasos tomar, que decisiones elegir, que momentos postergar, que caminos cerrar, crea inseguridades y miedos. El resultado al final es el desánimo y la renuncia por lograr tus sueños.

La inspiración llega a tu vida porque busca materializarse o tomar forma a través de ti. Si te llegó es porque tú tienes la capacidad de hacerla realidad. Dale vida. Es un privilegio que pocos experimentan. Una vez que la inspiración llegue a ti y no encuentres la forma de materializar tus ideas, es momento de crear una estrategia concreta de aquello que deseas alcanzar. *La creación de una estrategia es clave para pasar del pensamiento a la acción*, es el momento que se deja de soñar y se comienza a vivir.

El tener clara cada una de las decisiones que se tomarán y los pasos a seguir, harán el recorrido más sencillo y fácil de enfrentar. Esto no significa que, por el simple hecho de tener una estrategia, ya podrás lograr tus metas al 100%. Claro que no, aun con una estrategia se presentarán desafíos y situaciones que la cambiarán totalmente. Hay tantos posibles resultados cuando tienes una meta, que es esencial estar atento e ir evaluando tus estrategias, cambiarlas o modificarlas durante el camino.

Muchas veces podemos tener una gran idea, las ganas de lograrla, desarrollamos la mejor de las estrategias; sin embargo, las circunstancias no son las más adecuadas para llevarla a cabo. Esto no significa que debemos olvidarnos de ella, renunciar o esperar el momento adecuado o correcto. No hay y no habrá nunca el tiempo perfecto para lograr tus metas.

Por otro lado, aun no siendo el momento apropiado para actuar, el crear un plan estratégico personal te da la oportunidad de mantener tu idea e inspiración viva. Un plan te permite saber dónde estás, cuáles son tus circunstancias y cómo quieres estar en el futuro. Además, te ayuda a identificar las mejores opciones para tomar acción.

INTENCIÓN Y APRENDIZAJE

Cuando decidí escribir mi primer libro, no tenía una estrategia establecida, creía que con sólo escribir en mis momentos libres sería suficiente. ¡Qué gran lección aprendí! Durante esa etapa estaba trabajando tiempo completo en mi organización Regala, estudiando mi segunda maestría, planeando mi boda y dando entrenamientos los fines de semana; así que, como te imaginarás, esos momentos libres que llegué a creer que tendría, nunca aparecieron. ¿El resultado?

Durante nueve meses escribí pocas páginas y, por supuesto, no terminaría nunca un libro. Es cierto que escribía, pero no estaba obteniendo el resultado que yo esperaba o imaginaba que tendría, sentía que lo que quería transmitir no estaba plasmado en mis letras; estaba escribiendo rápido sólo para sentir que estaba avanzando, pero no había un objetivo concreto.

Me di cuenta de que el método que estaba utilizando no funcionaba y la intención de querer escribir un libro no era suficiente para lograrlo. *Si realmente queremos resultados, tiene que haber algo más que una buena intención.*

Entendí que necesitaba un plan de acción y saber realmente qué deseaba conseguir. Se requería de una evaluación de m progreso y hacer los ajustes necesarios para alcanzar la meta. Además, tuve que sentarme y comenzar a crear una estrategia especifica que me funcionara a mí con el estilo de vida que llevaba en ese tiempo.

Mi plan estratégico consistió en dividir en sesiones el tiempo que me dedicaría a escribir. Las sesiones indicaban los días más adecuados para escribir, por cuánto tiempo lo haría, qué resultado esperaba, cuándo haría investigación para el libro, cómo se dividirían los capítulos, el tiempo de edición, el desarrollo de la portada, cómo y cuándo se publicaría, etc.

Una vez que tenía clara la estrategia, descubrí que únicamente cuando me sentía tranquila y en paz, mis pensamientos fluían con mayor facilidad y mi concentración era fuerte. Así que hice los cambios precisos. Primeramente, dejé de escribir los días que más ocupada estaba, organicé mi horario y sólo escribía ciertos periodos de tiempo al día, una a dos horas. Descubrí que cuando mi mente estaba distraída mi enfoque se debilitaba. Esta información la incorporé en mi estrategia y la planeación de mi tiempo fue más consistente.

El tener un plan estratégico creó una ventana más amplia para ver la realización de mi visión y los pasos a seguir para alcanzar mi meta. Me di cuenta de que unas simples horas de planeación y disciplina pueden ahorrar meses o años de intentos fallidos.

PUNTO DE PARTIDA

Probablemente pienses que no es necesario tener una estrategia personal si tu meta es pequeña. Déjame decirte que no hay meta pequeña cuando la toma de decisiones es grande. Y muchas veces *la decisión de empezar algo* es la más grande de todas.

La estrategia personal es un factor esencial en el diseño de tu éxito. Es una guía de dónde estás y hacia dónde te diriges. La estrategia es un mapa que te va indicando paso a paso el camino a seguir, como una vía más rápida para llegar a tu destino. Es el resultado completo de tu visión a través de un conjunto de acciones. Además, te prepara para navegar ante los posibles desafíos que aparecerán en tu camino.

El objetivo de la estrategia personal es diseñar lo que deseas alcanzar. ¿Qué realmente anhelas? ¿Cuál es el éxito que quieres experimentar? ¿Cómo estás utilizando tu tiempo? ¿Lo que haces hoy te llevará a dónde quieres estar mañana?

El tiempo que dediques en pensar en tus objetivos y escribir tu estrategia personal para lograrlos, te abrirá la mente para pensar en otras posibilidades que no habías considerado anteriormente. También te permitirá identificar desafíos o riesgos y poder modificar tus acciones y decisiones futuras.

Esto no significa que sea el único camino o que no encontrarás desviaciones durante el trayecto. Las habrá. Es cuestión de tener flexibilidad ante esas desviaciones u obstáculos y aprender a cambiar de rumbo, encontrando nuevas formas de enfrentar los desafíos, lo desconocido o inesperado.

Por otro lado, cuando tienes una estrategia clara y flexible, tus posibilidades de cambiar rápidamente tus decisiones y acciones son más concretas y eficientes. La posibilidad de modificar tu enfoque y agregar nuevas ideas se agudiza.

Una estrategia te brinda de forma más clara los diferentes resultados que puedes lograr. Tu toma de decisiones será más rápida y precisa a comparación de aquellos que no tienen plan alguno y viven reaccionando ante las circunstancias. Ahorrarás tiempo y eliminarás estrés. Recuerda, cuando hay un plan, hay una acción y cuando hay una acción, hay un resultado.

DESARROLLANDO UNA ESTRATEGIA

Una vez que has pensado sobre el diseño de tu éxito y las diferentes formas de obtenerlo, es esencial que tu estrategia tenga estructura. ¿Cuáles son los pasos por seguir? ¿Qué acciones son la que se implementarán primero? ¿Cuáles actividades se tienen que realizar a corto y largo plazo?

El desarrollo de una estrategia debe ser algo que te llene de alegría y gozo, es tu *meta realizada en pequeños trocitos de tiempo*. Disfruta de ese proceso, dale la libertad a tu mente de soñar y planificar paso a paso cada acción, tómate el tiempo de crearla y vivirla.

Tu estrategia personal es como el puente que tú diseñas para llevarte de donde estás hacia dónde quieres ir. ¿A qué me refiero? En el diseño de cualquier puente es importante planear cuidadosamente dónde será localizado, estudios de zona, riesgos sísmicos, resistencia, cuál será su estructura, medios de fabricación y montaje, cuánto peso debe permitirse, cuáles permisos son necesarios de sacar, quién lo va a construir, cuánto tiempo se necesita para terminarlo, cuánto dinero costará la construcción completa, etc.

Si se diseña y construye un puente rápidamente sin las adecuadas estrategias o la debida realización de estudios, tendrá como resultado el derrumbe del mismo. Sin mencionar el tiempo y dinero invertido. Tal como sucedió con el puente de Tacoma Narrows, cerca de la ciudad de Seattle, que se colapsó a sólo cuatro meses y seis días después de su inauguración en 1940. Muchas son las especulaciones sobre lo sucedido, lo que sí está claro es que este puente colgante no resistió la fuerza de los vientos de 60 a 70 km/hora que debilitaron su frágil estructura. Tal vez fue el ahorro económico, la falta de un estudio detallado sobre las propiedades del viento, investigaciones meteorológicas, o simplemente la prisa de completar la meta, lo que redujo la importancia de considerar todos los pasos a seguir y las circunstancias.

De la misma forma, en el diseño de tu puente mental hacia tus metas, es primordial la planificación estratégica. Tu puente debe ser planeado cuidadosamente, diseñado con los mejores materiales: *tus ideas.* Las salidas de emergencia más convenientes: *tus acciones.* Los diferentes niveles de altura: *tus pensamientos.* Los estudios detallados de suelo: *tus valores.* El tiempo requerido: *tu compromiso y disciplina*; todo con un propósito en común, cumplir tu meta y disfrutar de ella.

CREANDO ESTRUCTURA

Es un hecho que, si te tomas tu tiempo en planificar y estructurar tu estrategia, te será más fácil seguirla y te sentirás más satisfecho con el resultado final. ¿Cómo se comienza? ¿Qué necesito hacer? Todo comienza por el final. ¿Qué quieres lograr tú? ¿Acaso tu meta es aprender a cocinar?, ¿viajar a un lugar específico?, ¿bajar de peso?, ¿una educación?, ¿una casa?, ¿un nuevo empleo?, ¿tu propio negocio?, ¿hablar en público?, ¿escribir un libro?, ¿tener más tiempo para estar con la familia? Sea cual sea tu meta, imagínala como una meta ya cumplida. Es sólo cuando vemos el producto final que podremos percibir los diferentes pasos a seguir y los riesgos a tomar.

Imagina tu estrategia personal como un rompecabezas en donde cada pieza representa una acción o decisión, lista para ser tomada y encajada en el lugar adecuado y preciso. Por otro lado, si no te das el tiempo de pensar y analizar en qué parte del rompecabezas encaja cada pieza, te será más desafiante terminarlo. Todo es cuestión de tomarte un tiempo y enfocarte, tener la paciencia de revisar cada pieza y su figura; el resultado valdrá la pena.

Por ejemplo, si tu meta es un nuevo empleo de gerente general en tu empresa, la estructura sería de la siguiente forma: *Primer paso:* pregúntate qué habilidades necesita tener un gerente general. Tal vez necesites saber sobre finanzas, organización empresarial, liderazgo, coordinación de equipos, recursos humanos, ventas, hablar en público, etc. Entonces, en base a tu investigación, ¿cuál crees que es el siguiente paso?

Segundo paso: hacer una lista de tus habilidades personales y ver cuales necesitas desarrollar o aprender.

Tercer paso: determina cómo, cuándo y dónde podrás desarrollar estas habilidades, y sobre todo, cuánto tiempo te llevará conseguirlas. ¿Es necesario que leas o estudies para obtenerlas? ¿Hay alguien que puede ser tu mentor? ¿Dónde podrás practicarlas? ¿Cuánto tiempo y dinero debo invertir en mi capacitación?, etc.

Cuarto paso: una vez que obtienes estas habilidades o las estas desarrollando, toma responsabilidad sobre qué hacer con ellas. ¿Acaso hay un puesto vacante en mi organización? ¿Mi jefe sabe que estoy interesado en la posición? ¿Soy el mejor haciendo esto? ¿Busco la manera de hacer más de lo que se espera de mí?, etc.

Es esencial que, en el diseño de tu éxito, desarrolles no sólo tu estrategia personal, sino también la estructura; ambas deben estar alineadas con tu objetivo final.

La estructura en tu estrategia te dará claridad de todas las actividades que se requieren hacer y el orden para su cumplimiento. Este proceso te permitirá y facilitará la toma de decisiones.

Al crear una estrategia y estructura de los pasos a seguir para conseguir los resultados deseados, hay que entender que la responsabilidad de tomar acción es tuya.

Recuerda que tu estrategia es simplemente una guía de dónde estás y hacia dónde te diriges, y sólo tú sabrás si la desarrollas o no.

Todo el tiempo, dinero y riesgo invertido serán tu responsabilidad, porque tú solo experimentaras tanto las consecuencias como las recompensas de lo que logres. Recuerda, el éxito lo diseñas TÚ.

PLAN DE ACCIÓN

Acción 1: Identifica dos o tres objetivos que te gustaría obtener en los próximos 6 meses. Escribe cada detalle de esos objetivos. ¿Cómo son?, ¿qué te hacen sentir?, ¿te apasionan?, ¿qué habilidades necesitas tener para obtenerlos?, etc.

Acción 2: Diseña una estrategia para obtener tus objetivos. Escribe cada uno de los pasos que necesitas tomar, qué actividades o acciones realizaras a corto, mediano y largo plazo. Pero, sobre todo, identifica las habilidades o conocimientos que necesitarás aprender o mejorar.

Acción 3: Crea una estructura, identificando el orden de cada una de tus acciones. Desarrolla un plan diario y semanal de las actividades que se enfocarán exclusivamente en tus objetivos y diseña un plan que se ajuste a tu estilo de vida.

La creación de una estrategia es clave para pasar del pensamiento a la acción.

• • •

ETAPA 6

EL COMPROMISO

CAPÍTULO 6

"La calidad de vida de una persona
está en proporción directa a su
compromiso con la excelencia"
-Vince Lombardi

COMPROMÉTETE A TRIUNFAR
por ti y para ti. Comprométete contigo mismo a lograr lo que deseas. Comprométete a ser disciplinado, a dejar a un lado las excusas y las quejas, a descubrir todo lo que eres capaz de hacer. Comprométete con tu vida misma. Sólo cuando hay un compromiso sincero y consciente, podrás exigirte a ti mismo a pensar y actuar de una manera que te acerque a tu éxito y no te aleje de él.

En el capítulo anterior, aprendimos la importancia de tener una estrategia con estructura que nos sirva como guía. Una vez que has diseñado una estrategia de acuerdo con tu estilo de vida, la siguiente etapa es el compromiso. Comprométete con tu estrategia, conoce todos sus aspectos y la realización de ella, entiende todo lo que implica llevarla a cabo y cumplir con cada una de las metas. El compromiso busca que tomes responsabilidad de las decisiones tomadas y estés dispuesto a dar el mayor de tus esfuerzos para ver el resultado final.

No importa la superación de una crisis, el tener el deseo de algo más, tener consciencia de nuestra capacidad de logro, la inspiración o incluso contar con una estrategia bien diseñada; si no te comprometes contigo mismo a alcanzar tu éxito, nada se logrará.

Cuando te comprometes con tus metas, no importa que tan desafiante, confuso o largo se encuentre el camino, continuarás en él y serás capaz de lidiar con lo que se te presente. El compromiso desarrolla en ti una confianza ciega y te brinda la fuerza interna que se necesita para alcanzar el éxito.

Cualquier contratiempo o situación fuera de tu control, la dejarás fluir sin ataduras mentales, porque tu compromiso a triunfar se vuelve como un imán tan fuerte y poderoso que te acerca sin lugar a duda a tus metas. El compromiso contigo mismo te eleva a crear soluciones y desarrollar nuevas formas de pensamiento. ¡Actívalo!

¿Y CÓMO SE PUEDE CREAR EL COMPROMISO?

Elevando tus estándares, haciendo más allá de lo que otros esperan de ti. Un estándar es simplemente una guía de calidad mínima de lo que deseamos en nuestra vida. Las decisiones que tomamos diariamente son un reflejo de los estándares que nosotros mismos hemos aceptado.

Por ejemplo, hay personas que tienen como estándar leer o hacer ejercicio treinta minutos diarios sin excusa alguna. Algunas personas tienen como estándar llegar a tiempo a todas sus citas, hacer más de lo que se les pide en sus trabajos, negocios u hogar. Otros tienen como estándar, en sus relaciones personales, recibir respeto, apoyo y colaboración, y no aceptan un comportamiento inferior a ese.

Esto, por supuesto, no quiere decir que no habrá momentos que no se obtendrá el resultado deseado; sin embargo, los estándares servirán como guía para tomar mejores decisiones en el futuro. Tus estándares serán aquella advertencia que te indicarán cuando no estás viviendo de acuerdo con el nivel de vida que buscas.

Toma la decisión de elevar tus estándares. Y define lo que estás o no estás dispuesto a aceptar en tu vida, salud, estado físico, mental, emocional, laborar, familiar, etc. Tus estándares te recordarán aquello de lo que eres merecedor de recibir y te comprometerán contigo mismo a obtenerlo.

Eleva el nivel de lo que deseas en tu vida y multiplica los límites de aquello que no permitirás más. Todo lo que uno tiene en su vida en este momento, es sólo aquello que uno soporta, se conforma o se resigna a tener. ¿Te has preguntado alguna vez: a qué me he resignado?

LA EXCELENCIA Y TUS ESTANDARES

Tú mismo compromiso con tus estándares de vida te llevarán a buscar la excelencia. *Busca la excelencia en todo lo que hagas en tu vida*. Es sólo en el compromiso de ser mejor cada día, que encontrarás tu propia excelencia. Una excelencia que te impulsará a vencer toda duda o excusa en las diferentes etapas vividas hacia tu éxito.

Desarrolla expectativas altas de ti mismo. Las expectativas propias basadas en la excelencia te darán satisfacción inmediata, ya que lograrán despertar al ser capaz y único que hay en ti. Sin embargo, no permitas que estas manipulen tus momentos de decisión. Las expectativas falsas, aquellas que buscan la recompensa ajena y elogio, se construyen desde un punto de debilidad y cuando no se logran obtener, se derrumba tu deseo de lograr más.

Por muy pequeña que sea la acción, esfuérzate en cumplirla con los más altos rangos de excelencia. Si en este momento de tu vida eres papá o mamá, sé el mejor papá o mamá que tus hijos puedan tener; si en este momento eres un empleado, sé el mejor empleado que la empresa haya tenido jamás; si eres un estudiante, sé el mejor estudiante que puedas ser.

Concéntrate en empezar y terminar cada una de tus tareas diarias, por muy pequeñas que estas sean. Realízalas de forma excelente y haz más allá de lo que se espera de ti. Abraza tu humanidad, tu debilidad, tu sensibilidad, sin perder el objetivo principal, el diseño de tu ser, tu éxito. ¡Comprométete!

Ahora, es esencial que la excelencia abarque todas las áreas de tu vida y no sólo aquellas que te sean más fáciles de realizar. Busca la excelencia teniendo estándares altos en tu salud, finanzas, apariencia, relaciones personales, espiritualidad, etc. ¿Qué tan excelente quieres tu salud?, ¿qué tan excelente quieres tus relaciones personales?, ¿qué tan excelente quieres que estén tus finanzas? Sube tus estándares y alcanza ese nivel de calidad.

Entre más altos tengas tus estándares en todas las áreas de tu vida, más satisfacción sentirás al alcanzarlos, ya que serán creados y diseñados sólo por ti. Por ejemplo, si tienes un estándar alto en tu salud y alguien te invita a comer, la única comida que aceptarás será aquella que nutra y enriquezca tu cuerpo. Esto no significa que no habrá momentos que comerás algo no tan saludable para tu cuerpo, pero, tendrás una medida o guía que te indicará qué tan acertadas son tus decisiones al escoger tu comida.

También, por ejemplo, si en tus relaciones personales tienes como estándar el respeto mutuo y la cortesía, no permitirás que nadie te levante la voz o abuse de ti. Te alejaras inmediatamente. Esto incluye a personas en cualquier ambiente que te desenvuelvas, tu familia, amigos o compañeros de trabajo.

Los estándares serán como un semáforo que te guiará a través de sus diferentes luces: verde, continúa; amarillo, precaución; rojo, para. Al estar alerta de las situaciones que no estás dispuesto a aceptar y las cuales no entran en tu calidad de vida, te será más sencillo tomar decisiones y el resultado lo disfrutarás. Y aun cuando tomes una acción con luz roja, lo harás conscientemente, sabiendo que fue tu propia decisión y eres responsable de sus consecuencias.

¡Qué maravilla vivir con consciencia pura!

LA DUDA

Es tan alentador ver a personas comprometidas con ellas mismas, con sus propósitos y metas. No hay obstáculo tan grande que pueda derribar un compromiso fuerte y sólido hacia el éxito. En el grado que te comprometas contigo mismo y tus metas, así será el grado del éxito que alcanzarás. *Si tu compromiso es débil y se tambalea ante cualquier desafío, error o culpa, tu éxito será de la misma forma: débil y fugaz.*

Pregúntate cuantas veces deseaste lograr algo en tu vida, pero tus dudas no te lo permitieron. La duda llega en cualquier momento y a cualquier persona. Ahora, también ten cuidado de la ilusión de la duda, es decir, aquello que creemos que es indecisión o duda simplemente es falta de compromiso. Déjame te lo explico…

Desde muy joven deseaba escribir un libro y trasmitir lo que estaba aprendiendo, sin embargo, no lograba hacerlo. Había días que muy emocionada me decía a mí misma: "ahora sí voy a empezar mi libro" o "ahora sí, este año lo empiezo." Ese día sólo se atrasaba cada vez más por una u otra razón, llegaban otras actividades y me olvidaba del libro. Fue hasta que realmente me comprometí conmigo misma y poner una fecha clara que el libro surgió.

Es cierto, hubo momentos de duda, indecisión, pereza; sin embargo, al recordar el compromiso que hice conmigo misma de terminar mi primer libro, no hubo fuerza externa que me robara la atención de mi objetivo. Mis excusas, justificaciones o compromisos a ultima hora ya no eran aceptable. Me lo había prometido a mí misma. No podía fallarme. Estaba en juego mi palabra, que es uno de mis más preciados estándares.

Desafíate día con día. El justificar tu historia, miedos y límites en lugar de ser inspirado por ellos, te limitará. Aun si no llegaras a lograr tus metas tal como lo deseas, habrás vencido uno de los obstáculos más desafiantes del ser humano: la duda.

TEN FE EN TI MISMO

Cultiva la fe en ti mismo y nada te detendrá en la vida. La fe desarrolla tu capacidad de creación, te impulsa, te da fuerzas para emprender proyectos nuevos, te permite reconocer la fuerza de voluntad que tienes para vencer los desafíos.

Comprométete contigo mismo a desarrollar y tener fe en tus acciones. Ten fe en ti mismo y tu capacidad de lograr tus objetivos. Cuestiona tus pensamientos y no permitas que estos dominen tu vida. Tú decides que tanto poder le das a tus pensamientos y emociones negativas.

Comprométete contigo mismo a seguir avanzando a pesar de los fracasos que experimentes. Tal vez no tendrás las cosas exactamente cómo quieres, no todos llegamos a obtenerlas, pero obtendrás más de lo que tienes ahora. Aprende las lecciones dadas en cada una de las dificultades de la vida, cambia y sigue adelante.

EL COMPROMISO Y LA DISCIPLINA

Por supuesto, de nada servirá tener estándares altos si no los ponemos en práctica. Si solamente estamos dispuestos a seguirlos cuando es fácil hacerlo, cuando no tenemos que enfrentarnos a otros o cuando nos mantienen en nuestra zona de comodidad, etc.

¿Quieres tener estándares más altos? Crea nuevos hábitos. Pero sobre todo disciplínate en lograrlos. La disciplina se va creando con esas pequeñas acciones que se hacen diariamente. Comprométete a la disciplina diaria, comprométete a la acción, *comprométete a lograr tu éxito paso a paso.*

Desde luego nada se obtiene sin la disciplina y dedicación. Se requiere disciplina para aprender, reflexionar y tomar acción. Se necesita disciplina para pensar antes de actuar, para hacer aquello que no se desea hacer y para dar lo máximo en cada una de tus actividades.

Si en verdad quieres alcanzar el éxito, has de la disciplina tu mejor aliada. Tiene que formar parte de ti en cada momento, no sólo cuando deseas lograr algo. El ser constante y disciplinado en todas las áreas de tu vida y pensamiento, te permitirá estar listo y alerta ante cualquier situación o imprevisto. Al ser disciplinado, tu fuerza de voluntad se agudizará y podrás tomar las decisiones más acertadas para tu beneficio.

Esfuérzate, disciplínate, siéntete incomodo, rompe tu ciclo de comodidad, crea nuevos hábitos y crece. Cuando mejoras tus acciones cada día, comenzarás a descubrir la capacidad infinita que tienes de llegar a niveles más altos. Cada vez que logres un objetivo, sentirás esa paz interna por lograr el éxito a tu manera.

TU COMPROMISO, TU ÉXITO

Algunas personas le huyen al compromiso consciente o inconscientemente, no logran comprender el gran poder que ofrece. Cuando hay un compromiso en juego, te cuesta más el dejar de tomar acción, tal vez sea tu consciencia, el miedo al rechazo, la crítica, el fracaso o la misma culpa. No importa la razón, toma ventaja del poder que te otorga el compromiso. ¡El compromiso es un gran motivador!

Sólo asegúrate que el compromiso para lograr tu éxito sea contigo mismo. El compromiso es un acto individual, no es un compromiso con tu pareja, hijos, padres, amigos, etc., sino sólo contigo mismo. Cuando te comprometes con algo externo, logras tus objetivos, pero lo haces por obligación y no por deseo propio.

Cuando te comprometes contigo mismo a diseñar y lograr tu éxito, hay una satisfacción interna e inigualable. Cuando te comprometes contigo mismo a ser lo mejor que puedes llegar a ser, en cierta forma te estás comprometiendo con otros a brindarles lo mejor de ti. El beneficio y alegría de lograr lo que deseas es exponencial y toca a todos aquellos que están a tu alrededor.

Abraza el compromiso y hazlo parte de tu vida, búscalo en cada una de tus acciones y decisiones. Quizás sea desafiante al principio si no es algo que has desarrollado. Comienza con pequeñas acciones y multiplícalas continuamente. Poco a poco, veras tu progreso y sentirás una alegría interna al notar los beneficios de ser una persona comprometida.

El compromiso te empujará a ser mejor ser humano, a cumplir tu palabra, tomar acción y a dar los mejores resultados. Sé un ser excelente, exquisito en pensamiento, palabra y acción. ¡Solo haciendo lo mejor, recibirás lo mejor!

PLAN DE ACCIÓN

Acción 1: Identifica 3 áreas de tu vida que requieran de disciplina o deseas mejorar. Tal vez levantarte a cierta hora, terminar lo que empiezas, llegar temprano, cumplir tu palabra, leer diariamente, hacer ejercicio, organizar tu área de trabajo, etc.

Acción 2: En orden de importancia, decide con cuál área empezarás a trabajar a partir de hoy. Escribe en tu calendario o un lugar visible las actividades o acciones diarias que tomarás y busca a alguien a quien le informarás de tu progreso. Cada dos semanas evalúa tus resultados.

Acción 3: Comprométete a realizar cada una de tus actividades diarias lo mejor que puedas hacerlo. Haz una cosa a la vez y dale todo tu enfoque, haz más de lo que tú mismo y otros esperarían de ti. Eleva tus estándares y busca la excelencia en cada momento. ¡Tienes todo para lograrlo!

¡Sólo haciendo lo mejor, recibirás lo mejor!

ETAPA 7

TOMANDO ACCIÓN

CAPÍTULO 7

"Tómese el tiempo para deliberar,
pero cuando llegue el momento de la
acción, deje de pensar y actúe."

— Napoleón Bonaparte

EL MUNDO ESTÁ LLENO de soñadores, de personas que dejaron en su camino propósitos y anhelos sin cumplir, ideas sin realizar, metas sin terminar, acciones sin tomar. ¿Las razones? Tal vez hubo falta de tiempo, estrategias, pasión, recursos, creatividad, miedos internos, culpas, etc. Lo cierto es que, la *ACCIÓN*, es clave en la búsqueda del éxito.

No importa qué tan preparados o estudiados estemos, qué tantos libros leamos, qué tanta visualización hagamos, qué tantos cursos tomemos, qué tan bien diseñada tengamos nuestra estrategia o qué tan comprometidos estemos con triunfar; si no tomamos ACCIÓN, nuestras metas, objetivos y planes se quedarán sólo como deseos y sueños. La etapa de la acción no la supera nada.

Tal vez tengas el deseo de algo más, llegó a ti una inspiración, tengas una estrategia muy bien diseñada, pero si no hay acción, nada se podrá materializar. Por otro lado, el momento que decides algo y automáticamente tomas acción, el porcentaje de tener éxito es muy alto.

Cuando tienes ideas, sueños, metas o esos momentos de inspiración y no tomas acción, poco a poco vas debilitando y matando a tu ser interior. Dia a día se va apagando tu deseo interno de lograr, actuar y brillar. Se empieza a desmoronar tu ser y, junto con él, aquellos sueños que algún día quisiste realizar.

Algunos vivimos toda una vida queriendo lograr algo, con la ilusión de que algún día cambiaremos o encontraremos nuestro propósito de vida, y es precisamente eso lo que se nos va: *la vida misma.*

Lo triste será que cuando, al final de nuestros días, entendamos que lo único que se requería de nosotros para alcanzar nuestro éxito era decidirnos, enfrentar nuestros miedos, ideas, creencias limitantes, vergüenza, ego y dar ese paso a la acción. Entender que solo se necesitaba ver de frente nuestra meta e ir tras ella. Entender que tal vez no logremos el resultado buscado en el primer intento, pero la constante acción nos acercará más a él.

El postergar tus metas, por cualquiera que sea la justificación o excusa, traerá agonía interna. El miedo a enfrentar un cambio, vivir lo desconocido, miedo a cambiar pensamientos o no tener la certeza de si se logrará lo que se desea, impide tomar acción. Identifica si estás en esta etapa, domínala y supérala. El diseño de tu éxito no estará completo si no hay acción.

EL PRINCIPAL OBSTÁCULO

Uno de los principales obstáculos en la búsqueda del éxito y qué detiene al tomar acción, es el MIEDO. Ese miedo que vive dentro de cada uno de nosotros y hace crear ilusiones que nunca se llegan a vivir. Existe tanto miedo de cambiar, de perder la aprobación de familia, amigos y comunidad, que uno mismo se aferra a seguir en la situación actual.

Una vez que el miedo forma una parte importante en nuestro existir, se comenzara a delegar internamente el poder de acción y decisión. Al final, es más fácil decir que no se logró lo que se deseaba por causa de algo externo a uno mismo, que admitir que fue nuestra responsabilidad el quedarnos estancados, permitiendo que el miedo sea el que domine y controle nuestra mente.

Existe una gran variedad de miedos en la gente: miedo al cambio, fracaso, hablar en público, animales, alturas, truenos, rechazo, compromiso, envejecimiento, crítica, pérdida, abandono, etc. Durante siglos se ha hablado y escrito sobre el miedo, sus ventajas, desventajas y consecuencias.

El miedo es el enemigo sin rostro que tiene libertad absoluta de vivir dentro de ti. Si no llegas a trabajar en tus propios miedos, dejarán huella en tu interior. Tus miedos, cualquiera que estos sean, estarán presentes en todo momento de tu vida, sin darte cuenta de la magnitud de su poder y consecuencias.

No espero que al leer estas palabras dejes de tener miedo y tomes acción. Seria extraordinario, ¿no es cierto? Yo misma, durante muchos años, tuve miedos y aun los tengo, miedos que me han impedido aventarme a la aventura de vivir.

Por ejemplo, aún recuerdo cuando tenía la oportunidad de aceptar un trabajo a nivel ejecutivo en una organización sin fines de lucro y no lo hice por mi miedo a no poder con la responsabilidad. Tenía miedo de no estar lo suficientemente preparada, no hablar perfectamente inglés, no tener los suficientes contactos, no poder con la responsabilidad y muchos miedos más. Por supuesto, no acepté la posición. 10 años después aun me pregunto qué hubiera pasado si me hubiera atrevido a tomar acción. ¿Qué sería de mi si hubiera dejado que mis miedos siguieran bailando a su ritmo en mi cabeza sin unirme a ellos? Nunca lo sabré.

El miedo paraliza. El miedo adormece. El miedo detiene. El miedo encadena. El miedo existe y no existe. El miedo mental es una ilusión, y muchas veces, es creado por nosotros mismos.

DESCUBRIENDO EL MIEDO

El miedo estará presente cada día de nuestras vidas, será creado consciente o inconscientemente por nosotros y hará notar su presencia en cada momento que le sea posible. El reto está en distinguir qué tipo de miedo es el que sentimos.

Por ejemplo, ¿acaso es un miedo real o es miedo mental? El miedo real es un mecanismo natural de tu ser. Ante este miedo hay que ser cuidadoso y precavido, ya que puede salvarte la vida. Este tipo de miedo es la advertencia de tu cuerpo que te indica que estas en peligro. Escúchalo.

El miedo mental es aquel creado por nosotros mismos. Es la sensación de temor ante un resultado imaginario que nos impide tomar acción. Ahora, no se trata de controlarlo, reprimirlo, evitarlo o negarlo; porque el miedo, al igual que un niño caprichoso, buscará la forma de que le pongas atención y lograr su cometido: detenerte.

Es esencial entender, también, que el miedo mental es aquel que nos hace crear resultados exagerados de lo que puede llegar a ocurrir. Quizás, *nos lleva a vivir un futuro inexistente*, nos genera angustia y ansiedad, frenándonos a tomar acción y vivir el presente.

Nuestra relación con el miedo en las diferentes etapas de nuestra vida lleva su propio proceso. Conforme vamos creciendo hay diferentes miedos vividos por nosotros. Al ser niños, por ejemplo, nuestro más grande miedo era el de ser olvidados o abandonados por nuestros padres, de ahí que buscábamos su presencia y protección; al ir creciendo apareció el miedo al rechazo, buscábamos la aprobación ajena y el sentirnos aceptados; posteriormente, el miedo al cambio forma gran parte de nuestra vida adulta.

Cuando surja un miedo mental, no lo reprimas, controles o lo justifiques para no asumirlo. Al minimizar tus miedos, lo único que ocasionas es incrementarlos.

Reconócelo, acepta que lo tienes, siéntelo, mantente consciente de él y aun así sigue avanzando.

Es cierto que habrá momentos en los que el miedo te hará sentir que no puedes o que no te mereces lo que buscas, sin embargo, si tu deseo por lograrlo es más fuerte que el miedo mismo, la acción será la forma de demostrarlo. Tal vez, en otras ocasiones, no importa que tanto desees algo, si el miedo toma la delantera y te inunda con sus lógicas absurdas, le cederás tu poder y, con él, tu sueño mismo.

Pregúntate a ti mismo a qué, en realidad, le tienes miedo o en donde se originó. ¿Acaso lo aprendiste?, ¿alguien te lo impuso?, ¿cómo lo alimentas?, ¿cómo vives con él?, ¿te detiene?, ¿por qué lo aceptas?, ¿es un miedo real o exagerado?

Cuántas historias de vida existen de personas arrepentidas por no tomar acción a causa de sus miedos. Vivieron sus vidas esperando a no tener miedo para decirle SÍ a la vida. El miedo los detuvo a tomar ACCIÓN y enfrentar DESAFIOS. Su miedo a lo desconocido fue más fuerte que el de seguir viviendo con la agonía interna de lograr sus metas. El miedo se adueñó de su existir.

Cada ser humano vive con miedos, pero solo aquellos que deciden enfrentarlos, obtendrán su recompensa. Tú decides si, a pesar DE ellos y CON ellos, sigues tomando riesgos y avanzando hacia tu éxito.

PERFECCIONISMO

Al igual que el miedo mismo, el perfeccionismo es una piedra más en el camino hacia el éxito que nos impide a tomar acción. El esperar el momento perfecto, la edad perfecta, el conocimiento perfecto, las circunstancias perfectas, la ayuda perfecta, el motivo perfecto, la vida perfecta, retrasa el cumplimiento de nuestras metas. Si hay alguna decisión que te impone miedo y no sabes cómo será el resultado, de antemano recibirás la justificación de que no es el momento perfecto.

Ahora, temo informarte que nunca llegará el momento perfecto para tomar acción, de hecho, entre más alto sea tu perfeccionismo, más bajo será el nivel de acción que tomarás por miedo a equivocarte o no hacerlo bien. ¿La consecuencia? Tendrás pocas metas realizadas. El no lograr las metas de manera perfecta, crea una autoevaluación negativa hacia nosotros mismos. Y un comportamiento tan demandante hace imposible llevar una vida saludable.

Elimina la ilusión de un mundo perfecto, porque aun si lograras tus metas, tú mismo perfeccionismo no te permitirá disfrutar tus logros. Muy dentro de ti, siempre existirá la insatisfacción que pudo haber estado mejor. Así que, celebra cada una de las pequeñas metas obtenidas, aun cuando no sean las que has planeado o te gustaría experimentar.

Hay ocasiones en que la obsesión por hacer todo perfecto, te paraliza al emprender cosas nuevas y las expectativas exageradas e inflexibles de tu desempeño se vuelven insostenibles. El miedo al fracaso, por ejemplo, a no hacer las cosas perfectamente bien, ser evaluado por el desempeño, cometer errores, evita que tomes acción. Esto crea cargas internas y físicas para la salud, sin mencionar el tiempo perdido sin actuar y la vida llena de frustración.

El perfeccionismo afecta no sólo la vida de aquellos que lo padecen sino de las personas a su alrededor. El perfeccionista se impone estándares demandantes y busca el desempeño impecable tanto en él como en otros. El constante deseo de perseguir el ideal de la perfección genera angustia interna, deteriora tus relaciones interpersonales y deteriora tu vida.

Un perfeccionista llega a tener creencias tales como "todo lo que empiezo tengo que terminarlo, si no, soy un fracasado" o "todo tiene que ser perfecto, si no, no está bien hecho." Estas creencias llegan a ser generadas por la propia necesidad de sentirse aprobado y que, en cierta forma, se piensa que agregan valor como ser humano. No obstante, ¿qué pasa cuando aquellas reglas o creencias no te ayudan a avanzar más o te causan dolor?

La propia autoestima de un perfeccionista se ve destruida ante el más pequeño error cometido. Hay una constante preocupación por el desempeño y un autocastigo cuando no se cumplen las metas, muchas veces impuestas de forma exagerada.

El perfeccionismo te desviará a alcanzar el éxito. Es momento de reflexionar qué creencias, pensamientos o ideas generan tu perfeccionismo y como se pueden modificar a modo que te permitan avanzar. Analízalas, enfréntalas, modifícalas y sigue adelante. Enfócate en la perfección de la evolución de ti mismo y tu manera de ser. El poder lo tienes tú. Tus creencias tendrán tanto poder como el que tú les permitas y otorgues.

PRODUCTIVIDAD

El tomar acción no significa solamente tomar decisiones al azar y sentir que estas ocupado. Al seguir una estrategia ya establecida, como se mencionó en el capítulo anterior, te será más claro saber qué acciones son las adecuadas para obtener tu objetivo. El propósito de la estrategia, en este caso, es saber qué acciones te pueden dar un mejor resultado. Y el propósito de la acción es acercarte, cada vez más, a tus metas, utilizando tu tiempo sabiamente.

Cuando alcanzas tus metas u objetivos, eres productivo. Así que aprende a distinguir entre estar ocupado y ser productivo. La productividad genera resultados.

Si no estás obteniendo los resultados que deseas, cuestiona las acciones que tomas diariamente. ¿Estas acciones te están produciendo un resultado? Si no es el caso, revisa una vez más tu estrategia y tu plan de acción. Identifica que actividades que no te generan un resultado constante o tangible, están absorbiendo tu tiempo; quizá es necesario hacer cambios en ciertos hábitos.

Cada acción tomada hacia tu objetivo, aun sin el resultado deseado, es un paso más hacia tu éxito total; cada acción tomada es una modificación de tu ser y está fortaleciendo tu fuerza interna y potencial. Una vez más, es una decisión propia y las acciones que tomas, tu responsabilidad.

EL OTRO LADO DE LA MONEDA

Es posible que, aun tomando acción, enfrentando tus miedos y venciendo tu perfeccionismo, no logres tus metas tal como lo planeaste. Existe esa posibilidad. Esa es la otra cara de la moneda y hay que estar preparados para ella. ¿Vas a caerte? ¿Vas a tomar decisiones equivocadas? ¿Vas a cometer errores? Claro que sí, todos los cometemos.

La clave está en aprender a vivir con ellos y modificar nuestra acción. No usemos un resultado no deseado como una *excusa* para detenernos y renunciar, no lo veamos como un fracaso o derrota, aprovecha el momento para aprender y reflexionar sobre lo que hiciste bien o lo qué puedes mejorar.

Después de un resultado no deseado, es cuando más fuertes tenemos que ser y reflexionar sobre lo sucedido. Aprende la lección y sigue adelante; cambia de dirección si es necesario, pero sigue en movimiento, sigue tomando acción, una y otra vez.

PLAN DE ACCIÓN

Acción 1: Identifica qué miedos, mentales o reales, te han detenido al tomar acción. ¿Qué cosas has dejado de hacer por miedo?, ¿qué personas no has conocido por miedo?, ¿qué éxitos has postergado? Haz una lista de todas aquellas cosas que has querido hacer, pero el miedo se interpuso.

Acción 2: Evalúa cada uno de los resultados cuando tomas una acción. ¿Eres productivo?, ¿estás usando tu tiempo sabiamente?, ¿estás obteniendo los resultados que buscas? Al tomar acción es esencial identificar cuando eres productivo o simplemente estas ocupado.

Acción 3: Recuerda alguna acción que tomaste y el resultado no fue el esperado. ¿Qué podrías hacer diferente la próxima vez?, ¿qué lecciones puedes aprender de la situación?, ¿qué aprendiste de ti mismo?, ¿cómo puedes cambiar el resultado?

¡A pesar DE mis miedos y CON ellos,
seguiré avanzando hacia el éxito!

ETAPA 8

EL PODER DE LA RESPONSABILIDAD

CAPÍTULO 8

"La aceptación de la
responsabilidad no es la
aceptación de una carga, sino la
multiplicación de la
oportunidad."
-Sri Chinmoy

"TÚ TIENES LA CULPA", "sabía que no debía hacerlo así", "no salió como yo quería", "no va a funcionar", "no tiene caso intentarlo", "quién te crees", "si sale algo mal, tú serás el responsable", etc. Esas son algunas de las palabras que no nos gustaría escuchar cuando, aun después de tomar acción y poner todo nuestro esfuerzo en la búsqueda de nuestro propio éxito, las cosas no salen como las planeamos.

Existe ese miedo aterrador de fracasar cuando nos decidimos a hacer algo, miedo de enfrentar nuestros errores, ser responsables por ellos o que alguien más nos los indique.

Es más fácil buscar excusas, evitar el tomar acción, culpar a otros, culpar al gobierno, el clima, la economía, nuestros padres, jefes, cultura, amigos, etc. Le huimos a la responsabilidad como si fuera una maldición, sin darnos cuenta de qué es lo único que nos dará la oportunidad de encontrar paz interna.

No importa la situación, fracaso, resultado, etc., toma responsabilidad de tus decisiones y no busques la justificación como forma de escape. Hay eventos en la vida a los que no se les va a encontrar explicación alguna, sólo no le agregues más dolor y victimismo.

Atrévete a tomar control de tu vida. El momento que tomas responsabilidad de tu vida misma, con todos los aciertos y las consecuencias, podrás caminar por la vida con dignidad y la frente en alto, no habrá situación o persona que te derrumbe o te haga sentir que no vales.

¿QUÉ HISTORIA TE CUENTAS?

Cuando una persona le huye a la responsabilidad, es por la historia que está detrás de esta palabra. Quizá de pequeño te dijeron que la responsabilidad es cosa de adultos, símbolo de madurez, sinónimo de seriedad, ser esclavo de obligaciones, aburrida, etc.

El significado que le pongas a esta palabra creará una historia mental que te hará sentirte atraído o alejarte de ella. Lo más interesante es que, muchas veces, no es la palabra en sí de la que huimos, son las consecuencias que pensamos que vamos a tener al ser responsables. Huimos de todo aquello que nos cause dolor sin darnos cuenta de que la responsabilidad misma nos protege de él.

Analicemos, por ejemplo, de dónde proviene esta palabra para entenderla más adecuadamente. La palabra *responsabilidad* se origina de la palabra en latín "repōnsum", que significa "responder", "obligarse" o "comprometerse a algo." Esto quiere decir que, cuando te haces responsable de cualquier decisión tomada por ti mismo, te comprometes a obtener un resultado de esa decisión, te comprometes a responder por tus acciones y sus consecuencias.

La responsabilidad es simplemente el compromiso a la creación y el éxito que buscas. Cuando te comprometes contigo mismo a lograr tus objetivos, estas respondiendo a los desafíos que se te presentan y te obligas a seguir adelante. Recuerda, el éxito lo diseñas TÚ.

¡CUANDO QUIERES… PUEDES!

Aún recuerdo cuando comencé a estudiar la universidad hace algunos años. Siendo la primera de toda mi familia en lograr esta meta, era algo que me llenaba de esperanza y gozo; así que decidí comprometerme conmigo misma a lograrlo a pesar de cualquier desafío. Aunque decidí estudiar la universidad desde que estaba en mi país, México, no fue hasta 8 años después que comencé con esta aventura una vez que me mudé a Estados Unidos.

Debido a mi situación económica no podía estudiar solamente, tenía que seguir trabajando para pagar renta, comida, ropa y ahorrar para el pago de las colegiaturas. No he creído en los préstamos y no me gustan las deudas; siento que es una forma de esclavitud mental que te atrapa lenta y silenciosamente, y que, sin darte cuenta, te va apagando tus sueños y anhelos en la vida.

Así que, comencé a buscar más de un trabajo, de hecho, terminé con tres, que me permitieron lograr mí objetivo. En las mañanas, tomaba mis clases en él colegio, regresaba a trabajar de anfitriona en un restaurante, después comenzaba mi turno como mesera, el cual terminaba a las diez de la noche; después, a las once, comenzaba mi turno limpiando oficinas, y los fines de semana pintabas casas o departamentos.

Durante cuatro años tuve este ritmo de vida, entre mis trabajos, la escuela, tareas y proyectos sólo me quedaba tiempo para dormir cuatro horas diarias. Recuerdo que llegaba cansadísima y hambrienta a mi casa, sin embargo, varias veces era más el cansancio que tenía, que me iba a dormir sin probar bocado. Eso sí, despertaba con unas ganas de vivir y comerme al mundo, porque sabía la razón por la que estaba haciendo todo. *Vi la responsabilidad no como una obligación, sino como una oportunidad de responderle a mis sueños y anhelos, de comprometerme conmigo misma a lograrlos.*

Al final, nadie me estaba obligando a trabajar, nadie me prohibía pedir un préstamo estudiantil y pagar mi escuela, nadie me limitaba las horas que deseaba trabajar. Yo misma era la que estaba tomando mis decisiones y asumía con gran gusto cada una de sus consecuencias.

Lo mejor de todo, sabía que al ser yo la persona responsable de cada uno de mis actos, era yo la que tenía el control y la que podía cambiar el resultado. Ese es el gran poder que te da la responsabilidad en tu vida.

Otras ventajas de la responsabilidad es que te motivará a terminar proyectos, hacer cosas que no creías poder hacer, a continuar en la búsqueda de tus metas, a sentirte pleno y tranquilo contigo mismo. Siempre y cuando estés dispuesto a hacer de la responsabilidad tu aliada y compañera de vida.

AGREGA COHERENCIA

La coherencia en tus decisiones y acciones podrán indicarte qué camino tomar, qué personas buscar y qué decisiones postergar. Y la responsabilidad simplemente te impulsará a cumplir cada una de estas decisiones.

Cuando existe coherencia en tu vida, es decir, cuando lo que piensas, sientes, dices y haces están en armonía, no hay conflictos internos. *Aprende a vivir desde la consciencia de lo real y la responsabilidad, donde tus palabras y acciones se convierten en una sola cosa.*

La incoherencia empieza a formar parte de nuestra historia cuando no vivimos en el presente. Algunas veces tenemos una obsesión absurda de estar recordando el pasado e inventando un futuro como forma de escape. Tal vez, revivimos historias y experiencias del pasado que nos lastimaron y queremos encontrarles una solución en el presente. Quizá vivimos queriendo cambiar los hechos en lugar de amoldarnos al cambio, sin entender que, en el momento que nos hagamos responsables de cada una de nuestras acciones, estaremos creando una vida propia y con libertad.

Atrévete a darle coherencia a tus pensamientos, acciones y decisiones. Sé coherente en todo momento. La coherencia te brindará la oportunidad de diseñar tu vida, una vida que tu elijas adecuada para ti. Una vida llena de infinitas oportunidades. Tienes el potencial de *creerlo y crearlo.*

CAUSA Y EFECTO

Por supuesto, el tomar una decisión te llevará a una acción y, por consecuencia, a un resultado. Cada acción que tomes tendrá un efecto en ti, positivo o negativo. ¿Quieres resultados exitosos en tu vida? Hazte responsable de tus decisiones y acciones. Cada acción, por muy pequeña que sea trae consecuencias, sé responsable de ellas.

Si quieres, por ejemplo, cuidar tu salud, tú eres responsable de lo que comes, tú decides si tomas soda o agua, si comes algo nutritivo o no, si haces ejercicio o te quedas viendo televisión. Tus decisiones y acciones te llevarán a obtener los resultados buscados.

El estar conscientes del potencial de tus acciones y la importancia de ser responsables de sus consecuencias, hará de tu éxito algo placentero. Ese éxito estará diseñado a tu manera y fortalecerá la confianza en ti mismo y en tu capacidad de acción. Estarás más consciente de tus actos y resultados, reafirmando tus valores y principios. La gente a tu alrededor confiará más en ti debido a los resultados que obtienes, pero, sobre todo, aumentará tu consciencia de aprender, pensar, decidir y actuar.

ELEVA TU CALIDAD DE VIDA

El nivel de calidad que tengas en tu vida va a estar muy ligado con el nivel de tu responsabilidad. ¿Cuál es la calidad de vida que deseas tener? Las decisiones que tomamos diariamente son un reflejo de la calidad de vida que nosotros mismos hemos aceptado y de aquello que nos hemos hecho responsables.

Está claro que entre más baja es la calidad con la que realices cualquier actividad, más bajos serán tus resultados; por el contrario, entre más alta es la calidad de tus acciones y decisiones en tu propia vida, mejor será lo que obtengas. La responsabilidad es tuya.

La mayoría de las personas tienden a no subir la calidad en su vida por el temor a no llenar sus propias expectativas o las expectativas ajenas y tener que ser responsables si fracasan. Algunas de ellas no anhelan crear una vida más allá de su situación actual. Y varias pueden ser las situaciones, miedos, dudas, inseguridades o simplemente, se conforman y le dan la bienvenida a la complacencia.

¿Cuántos de nosotros no hemos estado en esa situación? El sentir que hemos logrado algo, estamos cómodos en cierto lugar y nos preguntamos, ¿para qué cambiar? Y no es que esté erróneo estar cómodo en un lugar, al contrario, si te sientes cómodo donde estás, sigue ahí, pero que esa comodidad sea por decisión propia y no por miedo a no intentar algo nuevo, cambiar o ser responsable. Una gran mayoría de personas se quedan viviendo una vida cómoda, pero internamente sufren porque desean algo mejor en su vida.

No te conformes con vivir una vida cómoda, sin sueños o metas sólo por no hacerte responsable de lograrlas. Tú tienes el potencial de crear una vida extraordinaria y de vivir todo aquello que tu mente y corazón desean. El responsable de tu vida y protagonista eres tú. Eleva tu calidad de vida y eleva la visión de tu ser.

Pregúntate a ti mismo: ¿Esto qué hago, lo puedo hacer mejor? ¿Qué habilidades que ya tengo puedo mejorar? ¿Cómo puedo mejorar mi desempeño de hoy? ¿Qué conocimiento o habilidades necesito para alcanzar mis metas? ¿Necesito más entrenamiento o educación? ¿Qué quiero lograr en mi vida? ¿Qué puedo hacer hoy para tener un mejor resultado mañana? El cuestionamiento propio abre la puerta a nuevas posibilidades de acción y reflexión. ¡Utilízalo!

Una vez que sepas que quieres en tu vida, hazte responsable de lograrlo. El deseo de elevar tu calidad de vida y ser mejor cada día, está dentro de ti. Somos seres humanos con capacidad y deseo de crecer y evolucionar, buscando el crecimiento en diferentes etapas de nuestra vida. Busca el mejoramiento de tu vida diariamente.

Por ejemplo, si eres un ama de casa, sé la mejor ama de casa que puedas llegar a ser, no para que te reconozcan tus hijos o pareja, sino por decisión propia, porque eso te hace feliz. Si eres un vendedor, sé tú el mejor vendedor que puedas ser y busca superarte día con día, no con la intención de recibir recompensa, que alaben tus esfuerzos o tener gratificación, sino porque eso te satisface.

Cuando elevas la calidad en tus acciones, las recompensas llegarán a su debido tiempo, no dudes de eso. Además de que la satisfacción personal que tendrás al hacerlo, no lo superará nada. Sentirás una satisfacción personal al ver como aquellas pequeñas cosas que haces día con día incrementan su calidad, impactando favorablemente tu vida a largo plazo. Lo mejor de todo es que no sólo mejorará tu vida, sino que impactará la vida de las personas a tu alrededor.

No permitas que el miedo o la complacencia te limiten a ser mejor cada día y a desarrollar una mejor versión de tu ser. El tomar la decisión de mejorarte a ti mismo y por consecuencia tu vida y la de los demás, requiere responsabilidad y compromiso. Asúmelo.

La libertad de decisión la tienes, ya existe en ti. Simplemente hay que comprometerse, tomar acción y ser responsables de los resultados. Cada momento que tomas responsabilidad y vives de acuerdo con ella, estarás elevando la calidad de tu vida, estarás compartiendo con el mundo tu esencia pura y estarás derribando los miedos y límites que mentalmente te han atado.

¡La responsabilidad es tuya!

PLAN DE ACCIÓN

Acción 1: Haz una lista de todas las cosas de las que eres responsable cada día. Si no puedes cumplir con todas, aprende a delegar, haz tu mejor esfuerzo y disciplínate para empezarlas y terminarlas sin excusa alguna.

Acción 2: Sé consistente cuando te comprometas a cumplir actividades. Si por alguna razón surge una dificultad, aprende a manejarla y lidiar con las consecuencias. Recuerda que, al cumplir tu palabra, estarás aumentando la confianza que otros tienen en ti.

Acción 3: Destina unos minutos a organizar tu hogar, auto, closet, lugar de trabajo, etc. Al mantener tu alrededor organizado tendrás más tiempo para cumplir con tus actividades sin distracciones, aumentando la velocidad y la prontitud para encontrar lo que buscas. Esto te dará mas tiempo cumplir con todas tus responsabilidades.

¡El responsable y protagonista de tu vida, eres tú! ¡Eleva la visión de tu ser!

ETAPA 9

LA ILUSIÓN DE LA META

CAPÍTULO 9

"Lo que la mente puede concebir y creer,
y el corazón desear, puedes conseguirlo."

-Norman Vincent Peale

"POR FIN LO LOGRÉ. Todo el esfuerzo y tiempo invertido, valió la pena. Logré lo que quería." Esto, posiblemente, es lo que me imaginaba que diría una vez que tomara acción. Esperaba lograr mi meta. Quizás, eso es lo que tú piensas decir también; sin embargo, muchas veces ese no es el caso.

El simple hecho de tomar acción y ser responsable de las consecuencias no garantiza el cumplimiento de tus metas u objetivos, por el contrario, si llegara a haber un resultado, tal vez no sea el que tú esperabas, y eso, mi querido lector, es lo más fascinante en el camino al éxito. ¡Déjame te explico!

* * *

El camino al éxito es largo, desde el momento que entras en una crisis hasta el cumplimiento de tus metas, muchas cosas pueden pasar y los caminos que se te presentan pueden multiplicarse. Quizá surjan emociones, sentimientos, pensamientos y miedos en tu camino; probablemente estos te harán dudar de tus ideas, capacidades, motivos, deseos o aun de ti mismo y de tu derecho a vivir exitosamente.

Tal vez, durante esos muchos momentos de crisis, llegues a dudar que el lograr tus metas es algo imposible; sin embargo, tu deseo de algo más te impulsará a seguir adelante y buscar nuevas formas de lograrlo. Siempre con la consciencia viva que eres capaz de hacer todo aquello que te propongas y en lo que *te capacites*. Permite que tu propia inspiración sirva como guía para comenzar tu camino hacia tus metas.

El tiempo que inviertes en crear una estrategia que se amolde a tus posibilidades y recursos, será clave para tomar acción. Solo recuerda que no importa que tan meticulosa sea tu estrategia, si no hay acción, no tendrá valía alguna. La acción, al final de todo, es lo que producirá un resultado, siendo parte esencial en la realización de tus metas y respaldada cien por ciento por tu responsabilidad.

Es cierto que cualquier acción tomada, al final, te llevará a una meta o resultado, pero no te enamores de la meta, no te enamores del resultado. En el momento en que te enamoras de tus metas pierdes la capacidad de ver nuevas pautas a seguir, oportunidades de cambio o flexibilidad al actuar.

LA PERCEPCIÓN DE LA META

Durante años hemos visto como se le da todo el valor a una meta alcanzada, y no se confundan, es cierto, el lograr el éxito requiere el logro de metas, pero no como un evento final, sino como parte del proceso de la vida. Por ejemplo, se alaba a la persona que alcanzó un objetivo y en ocasiones se le recompensa, sin dar valor o crédito alguno al aprendizaje, o en lo que esta persona se convirtió durante este proceso.

Por ejemplo, cuando me gradué de la universidad junto con el resto de mis compañeros, celebrábamos el título que nos daban con una ceremonia y una fiesta organizada. Pero en ningún momento celebramos los cambios obtenidos en nosotros mismos, el cambio en nuestro ser y pensamiento. El enfoque total estaba en el resultado y no en el crecimiento que tuvimos que experimentar para lograrlo.

La meta se ha convertido en una ilusión, en donde se tiene la esperanza que, al conseguirla, ya somos producto terminado. Cuando es todo lo contrario, no podríamos conseguir nuestras metas sin antes haber aprendido y crecido como seres humanos, y llegar a tener las habilidades que se requieren para lograrlas.

Primero se tiene que llegar a ser exitoso internamente antes de serlo externamente. Uno mismo evoluciona psicológica, emocional y mentalmente en cada paso que damos, se aprende a vivir diferente y se obtienen resultados diferentes. *El verdadero éxito está en el proceso del aprendizaje*, que es el que te llevará al resultado deseado.

La meta no es el destino final, no es el punto de llegada, no es la culminación total o el fin de tu progreso, las metas son más que eso, son como yo las defino: *"PUERTAS*

TRANSFORMATORIAS. " Las metas son esas puertas que te van llevando poco a poco a tu evolución y realización total como ser humano, son la parada continua que tienes que pasar en tu crecimiento propio. Esa es una de las grandes recompensas de las puertas transformadoras. Con cada puerta que atraviesas, le agregas valor a tu persona y confianza en ti mismo. Tu ser evoluciona.

Sin embargo, las metas o puertas no son fáciles de encontrar o de abrir, se requiere de disciplina y de un progreso continuo en su búsqueda. Y, aun cuando llegas a encontrarlas, es esencial saber si te conviene abrirlas, porque muchas de ellas pueden aparecer en tu camino, pero no todas tendrán lo que buscas, y la distracción te alejará de la puerta correcta. ¡Sé sabio en tu caminar!

A QUÉ GRUPO QUIERES PERTENECER

El lograr una meta de principio a fin, cualquiera que esta sea, es un gran privilegio que muy poca gente puede disfrutar o valorar. Lamentablemente, la gran mayoría de personas se quedan en el camino con el deseo y la frustración de lograr sus metas. ¿Las razones? Muchas pueden ser las razones o las excusas, lo cierto es que, en el cumplimento de nuestras metas, uno mismo encuentra su propio lugar.

Las personas que se ponen metas en su vida se pueden dividir en cinco diferentes grupos: El *primer grupo* son aquellas personas que, aun deseando querer lograr algo en su vida, se quedan eternamente viviendo en sus crisis, lamentándose de sus circunstancias, historias, pasado, o tratando de encontrar una explicación a lo vivido que llene su ego herido.

El *segundo grupo* son aquellos que simplemente desean tener más, vivir más o ser más; sin embargo, no están dispuestos a salir de su zona de comodidad y enfrentarse a la incomodidad misma, miedos internos, crítica ajena, el rechazo, o simplemente a la inconformidad de cambiar sus propios hábitos diarios. Es más fuerte la seguridad de lo conocido que el deseo de su éxito.

El *tercer grupo* son aquellas personas que se atreven a ir tras sus metas y buscan todas y cada una de las formas posibles de lograrlas, pero muy en el fondo no se creen merecedores de obtener lo deseado o se sienten dignos de su éxito. Y si llegaran a lograr sus objetivos, ellos mismos sabotean sus logros, acciones y éxito propio, a través de excusas o mascaras justificadoras.

El *cuarto grupo* de personas son las que enfrentan sus crisis, creen en sí mismos, toman acción, pero si los resultados no son los esperados o deseados, comienzan a buscar culpables, culpar a las circunstancias u otros factores, deteniéndolos a comenzar de nuevo. No toman responsabilidad propia de las consecuencias de sus acciones, perdiendo este momento de aprendizaje para reflexionar y cambiar de rumbo o de estrategia si es necesario.

Finalmente, el *quinto grupo* es el que, no importa las circunstancias, miedos, incomodidad, disciplina, sacrificios, dudas o resultados, nada las detiene a llegar a sus metas, aprender y sobre todo a disfrutar cada una de ellas. No importa si el resultado no fue exactamente como esperaban, este grupo de personas sabe que cada logro, por muy pequeño que sea, debe ser valorado y celebrado para seguir con entusiasmo hasta la meta final, su desarrollo total.

DECÍDETE

La pregunta hacia nosotros mismos es: ¿a qué grupo pertenezco o quiero pertenecer? Todos, por supuesto, comenzamos nuestro recorrido en el primer grupo, buscando en nuestras crisis el escudo perfecto a nuestros miedos, pero está en ti identificar a qué grupo te gustaría pertenecer y hacer lo necesario para lograr tu éxito. No hay reglas escritas o requisitos inquebrantables, sólo el deseo mismo de lograr lo que buscas y disfrutarlo.

Vivimos nuestras vidas creyendo que seremos eternos y que tenemos todo el tiempo por delante para realizar nuestras metas. Decídete hoy a empezar a diseñar tu propio éxito, decídete a enfrentarte al miedo a fracasar, cambiar, el compromiso, la disciplina, etc. Todos y cada uno de estos miedos se esfumarán en el momento que tomes una decisión; la decisión de tomar acción, vivir y aprender en el camino. Decídete a lograr tus metas, y aun cuando no obtengas lo que esperas, disfruta el aprendizaje y sigue avanzando.

EXPECTATIVAS

Es cierto que es desafiante seguir adelante con nuestros planes cuando las circunstancias se complican, o se exige más de lo que queremos dar. Por otro lado, es cuando todo se complica que uno crece, nuestras habilidades y destrezas se desarrollan, nuestra fe se multiplica, la creatividad explota y la autoestima se fortalece.

Sólo sé sabio al identificar y diferenciar cuando las circunstancias en tu vida han cambiado, o cuando es la propia necedad la que te mantiene en ciertas situaciones Porque cuando hay expectativas exageradas, el lograr una meta ya no es algo que se disfruta, se busca simplemente el resultado a costa de cualquier cosa, incluso de la propia salud. Tal vez logres tus metas, ¿pero en verdad valió la pena alcanzarlas cuando te perdiste a ti mismo en el camino? Eso sólo lo podrás contestar tú.

No hay nada más satisfactorio que ver una meta como un paso más hacia la realización total del SER. Quizá la realización total nunca llegue o la experimentes, pero estarás evolucionando continuamente. La evolución de tu ser tomará nuevas formas con cada meta que alcances, experimentarás facetas de vida y pensamiento que te permitirán disfrutar tu existencia en esta tierra de manera más placentera. Solo hay que ser paciente y confiar en el proceso.

Renuncia a las expectativas exageradas de un resultado perfecto al final de tu meta, renuncia a la idea de lo que te convertirás cuando la alcances, renuncia a tu YO futuro. Cuando hay una expectativa específica sobre lo que deseas SER cuando alcances tus metas y no se llega a lograr, se experimenta frustración y decepción interna. Y el deseo de seguir adelante se desvanece.

No necesitas llegar a una meta para convertirte en quien tú quieres ser, empieza a SER ese ser humano primero, para que llegues a tu meta. Tu YO del futuro se va construyendo día con día en el tiempo presente, al igual que tus metas se van construyendo con cada acción tomada en este momento. El día de hoy es la clave. Es hoy cuando puedes empezar a diseñar tu futuro, es hoy cuando tu éxito toma forma.

NO PIERDAS EL OBJETIVO

Quizás una de las cosas más desafiantes cuando tienes una meta por alcanzar, es el mantenerte enfocado. El tener la disciplina de enfocarnos en una sola cosa, es algo desafiante, ya que vivimos en tiempos donde tantas cosas buscan nuestra atención y nos distraen fácilmente de nuestra visión de vida.

¿Cuantos de nosotros hemos caído en la trampa de querer hacerlo todo y al final no logramos nada? ¿Nos ponemos metas que no se culminan? ¿Nos comprometemos con diferentes proyectos a la misma vez? ¿Empezamos proyectos que no se realizan? Al final, acabamos exhaustos y sin resultados, creando más frustración en nuestra vida y un sinfín de culpas.

Si estás en esta situación, es esencial que una vez que tengas una visión clara hacia dónde te diriges, un plan y estrategia establecidos, identifiques aquellas cosas que te distraen. Ten claro lo *que* quieres lograr *y por qué* lo quieres lograr. La claridad te da poder. Cuando sabes cuál es el propósito en cada uno de tus objetivos, la ejecución se vuelve parte de ti.

Cuando tienes claridad en tus metas, puedes distinguir entre estar ocupado y ser productivo. Personalmente, hace algunos años yo tenía la ilusión de que el estar ocupada era un sinónimo o signo de productividad. Por ejemplo, estaba ocupada estudiando en la universidad, tenía tres trabajos, era parte de dos mesas directivas, asistía a la mayoría de los eventos en mi comunidad y era voluntaria en varias organizaciones, y aunque sentía que había hecho muchas cosas diariamente y estaba ocupada, no estaba logrando mis metas, que en ese momento era escribir un libro y dar entrenamientos.

Fue entonces cuando realmente entendí la importancia de tener claridad y enfoque en las metas. Cuando hay claridad, hay productividad y la productividad genera resultados. Los resultados que obtienes son la prueba de tu progreso continuo.

Así que, elimina todo aquello que no aporte beneficio a tu meta final, esto te ayudará a mantenerte en tu curso, aun cuando las circunstancias se pongan desafiantes. No te distraigas. Gana la lucha interna entre lo que deseas momentáneamente y lo que esperas lograr y disfrutar a largo plazo.

Sólo recuerda que tu meta no es el objetivo final, tu meta es sólo el punto de partida hacia algo más grande. No te conformes con lo que eres HOY cuando puedes ser alguien mejor y beneficiar a los demás mañana. ¡Te alegrarás de hacerlo!

PLAN DE ACCIÓN

Acción 1: Pregúntate sinceramente a qué grupo de los que quieren alcanzar sus metas perteneces tú. ¿A qué grupo te gustaría pertenecer? ¿Qué cambios o ajustes en tu vida necesitas hacer? Comprométete contigo mismo a lograr tu éxito.

Acción 2: Haz un inventario de todas aquellas metas que no lograste cumplir en él pasado. ¿Cuál fue el motivo? Analiza qué expectativas tenías y cuál era el nivel de tu enfoque. ¿Qué podrías hacer diferente hoy?

Acción 3: Piensa en cada vez que te has puesto y alcanzado una meta en él pasado, pregúntate: ¿qué nuevas habilidades, actitudes o aprendizajes he obtenido? Haz una lista de todo aquello que has logrado en tu SER con cada una de ellas. ¿Cómo mejoraste como ser humano?

"Primero se tiene que llegar a ser exitoso internamente antes de serlo externamente"

ETAPA 10

LA RECOMPENSA

CAPÍTULO 10

"Por cada esfuerzo disciplinado,
hay una recompensa múltiple."

-Jim Rohn

SE NOS HA HECHO CREER por mucho tiempo que la recompensa del éxito es aquella que obtienes al final de la meta, lo que puedes mostrar o lo que se percibe con la simple vista. No obstante, la verdadera recompensa del éxito es ese resultado que va más allá de lo que obtengas. Es un resultado intangible y sin límite, que sólo el tiempo y las enseñanzas mismas de la vida se lo otorgan a quien lo ha trabajado y se ha dejado pulir en la incomodidad y la tensión.

La verdadera recompensa del éxito es la que va construyendo poco a poco tu propio SER. El poder desarrollar una capacidad inquebrantable, fortaleza mental e iniciativa para lograr tus objetivos, sin importar los esfuerzos, desafíos, cambios inesperados e incertidumbres. Tu verdadera recompensa es el SER en el que te *transformas* durante tu camino, un ser único, auténtico, empático, con una esencia pura y paz interna. ¡Qué mejor recompensa que esa!

Lo más fascinante de este camino es que eres TÚ el principio y el final de tus propias metas, TÚ eres el resultado de tus acciones y decisiones. Por ejemplo, cada vez que tú logras una meta, cualquiera que esta sea, una nueva posición, proyecto, reconocimiento, estrategias, familia, títulos, espiritualidad, empresas, mejor salud, etc., comienza en ti una transformación interna, emocional y psicológica.

Por cada acción que tomas para alcanzar esa meta, nuevas habilidades se desarrollan dentro de ti, nuevas formas de pensar aparecen y, por consecuencia, nuevas acciones surgen. Dentro de ti, la autoestima crece al ver lo que eres capaz de lograr. También, tus emociones se expanden positivamente, tu capacidad de dirección se agudiza y tu fuerza mental se empodera. Un nuevo SER empieza a tomar forma y a crecer dentro de ti. Es algo mágico…

¡Pero ten cuidado!

LA ILUSIÓN

El éxito es adictivo. Conforme vas logrando y cumpliendo cada una de tus metas, tu mundo exterior se va transformando, comienzas a ver la vida desde otra perspectiva y una nueva ilusión se va creando sin darte cuenta.

En mi caso particular, he tenido muchos logros en mi vida y por muchos años viví bajo la sombra de esos logros. Por ejemplo, me esforcé por conseguir metas tanto personales como profesionales y me aseguraba cada vez que la nueva meta superara a la anterior. Al principio me sentía feliz, realizada, segura de mí misma; estaba logrando lo que me proponía y más. Sin embargo, llegó un momento que sólo estaba alcanzando mis metas porque deseaba con ansias ser reconocida por ellas, por mis logros y no por lo que yo era en realidad, por mi esencia misma.

Le comencé a dar más validez al halago, aprobación externa y el reconocimiento ajeno en lugar de reconocerme a mí misma por lo aprendido en mi camino y mi evolución como ser humano. Era como si deseara alcanzar mis metas para que otros las notaran y no porque me daba satisfacción lograrlas. Al haber vivido en cierta forma deslumbrada por los logros y aceptación ajena, entendí lo desafiante que es crear una nueva realidad, una realidad que te brinde una felicidad interna envuelta con tu propia esencia.

Tal vez no llegue a ser tu caso, y lo aplaudo. Es sólo que, cuando tu deseo de alcanzar metas o tener éxito surge desde la vanidad y el egocentrismo, y no desde el simple placer de evolucionar y crecer como ser humano, tu vida se convierte en una falacia, un autoengaño.

Ahora, no significa que el ego esté fuera de lugar, al contrario, nuestro ego también se va moldeando conforme vamos alcanzando nuestras metas, y va encontrando su propio lugar en nuestra vida. Son los extremos los que nos perjudican. El creer que el éxito por sí sólo nos dará la satisfacción total, alimentará nuestro ego y nos cegará ante la verdadera recompensa.

¿Y cómo saber la diferencia? ¿Cómo saber que tus logros son para ti y no un camino de aprobación ajena?

Conociéndote. Conócete a ti mismo, aprende a conocer quién eres en realidad, cuestiona todo, cuestiona tu vida, tus pensamientos, ideas, dudas, acciones, etc. Aprende a distinguir tu verdadero propósito al querer tener éxito, y no vivir desde la ilusión de aparentar aquello que no existe.

Por otro lado, si en verdad sólo deseas el éxito para demostrar algo externo o recibir aceptación o aprobación ajena…adelante. Tienes libre albedrío. Cada ser humano busca la versión de su éxito por sus propias razones y circunstancias. El éxito lo diseñas tú.

Sólo hazlo de forma totalmente consciente, sin engaños hacia ti mismo, historias inventadas o justificaciones creadas. Vive con la consciencia que eso es lo que tu deseas y estás dispuesto a asumir las consecuencias, sin quejas, culpas o remordimientos. *Aprende a ser consciente de tus decisiones para no vivir en esa lucha constante de lo que la mente te dice y tu espíritu te reclama*, porque sólo así podrás disfrutar verdadera y totalmente tu éxito, bajo tus propias expectativas.

Sólo tú tienes la capacidad de definirte a ti mismo, no sólo por tus logros, sino por tu fortaleza interna. Esa fortaleza que te recuerda cada día que tu vida es única, tu historia es única, tu personalidad es única. Sólo tú eres el responsable de agregarle el valor a tu vida que nadie más podrá darte, sólo tú eres el responsable de escribir tu historia. ¡El llegar a saber quién eres, ese es un verdadero éxito!

AUTOCONOCIMIENTO

Cuando descubras lo que eres y lo que valoras, el éxito no te cegará y la recompensa no te detendrá. En el diálogo interno y el autoconocimiento, es donde se encuentra una nueva persona más allá de lo que otros esperan, más allá de lo que tú mismo esperas de ti.

El reconocer y estar consciente, por ejemplo, de tus miedos, tristezas, ideologías, ansiedades, virtudes, penas, etc., te dará una ventaja que pocos llegan a tener. Esa ventaja es la de saber que, más allá de que hayas logrado un cierto tipo de éxito o aun no, este no te define como persona.

Al conocerte, entiendes que el éxito no es el resultado de las recompensas obtenidas, sino el resultado por la forma en que has vivido tu vida, la manera que has tomado tus decisiones y acciones. El éxito llega a ti cuando sabes tu valor personal, desarrollas una paz interna y un instinto único que te acompañarán a conseguir tus metas futuras.

Cuando sabes y entiendes quién eres, trabajas hacia tus metas por el simple deseo de lograrlas, no porque las necesitas para subir tu autoestima o valor propio. Lo increíble es que, cuando vas logrando tus metas, tu misma autoestima y valor propio aumentan como consecuencia.

Tú decides si disfrutas cada momento que vivas, cada triunfo y desafío que se presente o sólo esperas el resultado final de tu éxito para disfrutarlo. No hay reglas escritas o requisitos que cumplir. Aunque, cuando te aferras a conseguir logros, tanto personales como profesionales, por la aprobación u opinión ajena, tu felicidad se vuelve forzada e ilusa.

TÚ TIENES EL CONTROL

El ser humano, a través de los años, ha estado en una incesante búsqueda de éxito que muchas veces dura sólo instantes. Vivimos en tiempos donde se exige continuamente probar tu valor a través de tus logros; tiempos donde las expectativas ajenas bombardean sin cesar, pero ¿acaso los logros y posesiones que te brinda el éxito no son suficientes para ser feliz? Muchos dirían que sí, otros que no. Al final, eso lo decides tú. Naciste con libre albedrio y la libertad del pensamiento y el acto, aprende a utilizarlos sabiamente y a tu favor.

Solo se cuidadoso de no alcanzar tu éxito desde las apariencias externas y donde tu mundo se va diseñando a través de máscaras. El aparentar ser quien no eres, de sonreír e ir tras sueños que tal vez no sean los tuyos, sino impuestos por alguien más, te causara frustración y una carga emocional. El verdadero éxito, es aquel que desarrolla en ti una paz interna continua. Se genera internamente. Te sientes exitoso aun cuando no encajes en el concepto de éxito que la sociedad impone.

Tal vez no estás donde te gustaría estar en esta etapa de tu vida, tal vez creas que necesitas más preparación, educación, dinero, recursos, conexiones, etc., para lograr tus objetivos. Déjame decirte que esto sí ayuda, pero no es indispensable.

Cuantas personas a pesar de tener estos recursos no logran sus metas, ¿la razón? No se han dado cuenta del poder de sí mismos. Puedes llegar a tener toda la preparación, títulos, dinero, recursos, pero si TÚ no crees que puedes diseñar tu propio éxito, nada ni nadie lo hará. Y durante tu camino encontrarás justificaciones o excusas una y otra vez.

Por otro lado, cuando llegas a entender que tienes todo lo que necesitas para lograr tus metas, aun con o sin estos recursos, tendrás la fuerza para tomar acción, la creatividad para buscar los recursos que te hacen falta y hacer buen uso de ellos. Pero lo mejor de todo, tendrás el control de elegir vivir por decisión propia y no por casualidad.

Cada decisión que tomes será tuya, estarás diseñando tu propio éxito sin dejarte influenciar por lo que la mayoría dice o impone. Serás libre de buscar tus propias respuestas, soluciones y te quedarás con aquello que sólo te haga sentir satisfecho y pleno. En el momento que buscas el éxito para ser un mejor ser humano, la satisfacción es total, esa es la recompensa del éxito, ¡vivir bajo tus propias expectativas!

LA RECOMPENSA INTERNA

Está en nuestro control el poder buscar, encontrar, reconocer, diseñar, y cultivar nuestro propio éxito, cualquiera que este signifique para ti. Pero no es algo que se te dará fácilmente, es algo que tienes que buscar día con día con disciplina y constancia en la transformación de tu propio ser. Esta búsqueda requiere de una fe absoluta y en donde cada acto hecho con integridad será recompensado armoniosamente.

Busca la excelencia en cada uno de tus actos. La evolución que se experimenta conforme alcanzas tus metas requiere de tiempo. Son años de práctica, disciplina, búsqueda, aprendizajes y metas cumplidas y sin cumplir, las que evolucionaran junto a ti. Esos cambios que surgirán en ti, al igual que tus metas, se van obteniendo uno a uno y de forma gradual, alcanzando el punto exacto de satisfacción y alegría. Simplemente se paciente.

Sólo puedo decirte que, en esa gran búsqueda de tu éxito, encontrarás tu propia fuerza, que yo la denomino tu compañera de vida. Esa fuerza que te guiará a seguir conociéndote cada día y aceptando que *eres más que tus logros y más de lo que creías que eras.*

Ahí, querido lector, es donde comienza el verdadero éxito. En el momento que construimos nuestra vida y la transformamos con nuestra esencia, nuestro éxito será inevitable, viviendo plenamente y en armonía con nuestro ser.

La recompensa que obtienes *internamente* es el regalo que el éxito tiene para ti, lo guarda cuidosamente hasta que llegue el momento perfecto para dártelo. La alegría de ver realizados y cumplidos hasta el último de tus anhelos, sin condición alguna, es sólo el resultado de haber tomado responsabilidad de tu propia vida.

NO TE DETENGAS

Todo en la vida tiene su proceso, déjate moldear por él, deja que este proceso saque lo mejor de ti, pero no te detengas. *Saborea el progreso de cada proceso*, encuentra las ganas y el deseo de seguir intentando una y otra vez sin esperar el éxito instantáneo o fugaz. Desafíate a ti mismo a ser tú la recompensa y a lograr una versión de tu ser, única e inigualable.

Es importante entender que, durante este proceso, habrá momentos de duda, miedo e indecisión, y aun así se tiene que tomar acción sin excusa o justificación alguna. La colección de desafíos que enfrentes durante tu proceso te llevará a tu recompensa. Algunas veces esperamos que alguien esté a nuestro lado, impulsándonos y recorriendo el camino con nosotros hacia el éxito, lamentablemente, no es el caso en la mayoría de las veces. Aun así, agradece.

Las personas indicadas comienzan a aparecer en el camino, algunas veces, aparecen cuando ya has logrado tus metas. Cualquiera que sea tu caso, comprométete contigo mismo a seguir adelante. Busca tu mejoramiento continuo constantemente, ya que nadie va a creer más, de lo que tú mismo crees en ti, nadie va a esperar más, de lo que tú mismo esperas de ti o va a exigirte más, de lo que tú mismo puedas exigirte.

Cada logro obtenido, por muy pequeño que este sea, celébralo, pues es un paso más hacia tu meta y recompensa final. Pero, sobre todo, entiende que el éxito que tanto anhelas lo creas tú, lo ERES TÚ.

PLAN DE ACCIÓN

Acción 1: Cuando te pongas una meta en tu vida, pregúntate: ¿Esta meta la quiero lograr por mí o por alguien más? ¿Cómo quiero vivir mi vida? Toma tus decisiones con una consciencia clara y asume las consecuencias, porque sólo así disfrutarás tu éxito sin quejas, culpas o remordimientos.

Acción 2: Haz una lista de tus miedos, tristezas, ideologías, ansiedades, virtudes, penas, etc. El conocerte te da una gran ventaja y es el saber que el éxito no te define, sino te complementa. Cuando sabes y entiendes quién eres, trabajas hacia tus metas por el simple deseo de lograrlas.

Acción 3: ¿Que decisiones puedes tomar hoy que te harán sentirte orgulloso de ti mañana? ¿De qué decisiones del pasado te sientes orgulloso hoy? Celebra cada decisión o acción que tomaste en tu pasado y te desafió a lograr una mejor versión de tu ser.

La verdadera recompensa del éxito es la que va construyendo poco a poco tu propio SER

• • •

ETAPA 11

LEGADO – Inspira e Influye

CAPÍTULO 11

"Lo que hacemos por nosotros mismos
muere con nosotros, lo que hacemos
por los demás y por el mundo
permanece y es inmortal"

-Albert Pike

LO MARAVILLOSO DE LA

búsqueda del éxito es que va a terminar cuando te des cuentas que ya eres exitoso. Has sido exitoso al llegar a vivir hasta la edad que tienes hoy; eres exitoso al despertar cada mañana cuando muchos no lo logran; eres exitoso al tener las facultades de comer, dormir, caminar y soñar, cuando muchos las han perdido; eres exitoso al poder leer estas letras y entenderlas, cuando muchos no terminaron su educación o tienen ciertas incapacidades.

Algunos se quedan en el camino hacia el éxito y otros no lo empiezan. Si esta oportunidad se te ha concedido a ti, agradécela y conviértete en un ser aún más exitoso. Una forma de agradecerle a la vida es explotando todo tu potencial y disfrutar de cada regalo que se te ha brindado. Es tu decisión hacer lo posible por diseñar un éxito único, continuo e individual, un éxito que muestre tu autenticidad y te permita mejorar tu mundo y el mundo de los demás.

Aprende a ver cada parte de tu vida como una posibilidad de grandeza y desarróllala continuamente. Los cimientos de tu éxito empiezan con tu integridad personal, y es la fundación para construir un legado sólido y duradero. La forma en que enfrentas cada una de las etapas en tu camino y en lo que te conviertes al final de él, será el testimonio vivo de qué tan exitoso has sido.

Independientemente de que tus logros no encajen en los niveles de la opinión pública, busca la satisfacción interna de tu ser y aquello que te brinde felicidad personal. Quizás encuentres esas razones que te hagan suspirar de alegría y esos motivos por los cuales vivir. ¡Atesóralos!

No te detengas por ideas respaldadas socialmente, sigue buscando continuamente el aprendizaje, crecimiento y conocimiento. Y, sobre todo, hazte cargo de tu propia vida y supérate, que, al transformarte a ti mismo, estarás trasformando tu alrededor.

SÉ UN EJEMPLO

¿Cuántos de nosotros hemos buscado ejemplos a seguir? Personas que lograron lo que algún día buscamos lograr. Personas que nos hacen creer que todo es posible y que nosotros también podemos vivir lo mismo; nos inspiramos en ellos, observamos su vida y nos deleitamos en sus éxitos.

Ahora, imagínate tú mismo en esa posición, donde otros observan tu vida, se inspiran y te buscan como un ejemplo a seguir. ¡Qué gran privilegio! Quizás ya eres un ejemplo para otros y aun no te has dado cuenta, quizás tus logros están inspirando a alguien más a superarse y seguir tus pasos. Así que, sigue adelante, supérate día con día, diseña tu éxito y vívelo al máximo.

Pero aprende a encender tu *propia luz primero*, a través de llegar a la evolución máxima de tu SER, esa misma luz es la que alumbrará el camino de otros. Busca tu luz en cualquier etapa de tu vida que estés, y mantenla encendida. A lo mejor, esa misma luz será la que servirá como punto reflectivo para seguir la evolución de alguien más

Probablemente esa luz sea la indicación que alguien busca para comenzar su propio camino al éxito o aliente a otro ser humano durante las diferentes etapas que se le presentarán en su camino. Tu propia vida puede ser el ejemplo mismo que alguien más busca para animarse a cambiar la suya. Esta en tus manos el poder beneficiar a otro ser humano.

Si tienes el privilegio de tener hijos, tienes ya la oportunidad de mostrarle el camino a alguien más, alguien que confía y tiene amor por ti. Sé un ejemplo de éxito para ellos. Puedes cambiarles su mundo sin decir una sola palabra, sólo con la coherencia de tus decisiones y acciones.

La pregunta es: ¿eres el mejor ejemplo que ellos pueden tener? ¿Ellos ven en ti a alguien que desea ser exitoso y alcanzar su potencial a pesar de sus miedos y dudas? ¿Alguien que busca la superación y el continuo aprendizaje?

No hay duda de que el mayor deseo de los padres es ver a sus hijos felices, realizados y alcanzando todo su potencial. ¿Acaso deseas eso mismo también para ti? ¿Deseas ser feliz, realizarte y alcanzar tu potencial? ¿Te imaginas el impacto y la influencia que tendrá en tus hijos y las personas a tu alrededor tu éxito? *Que mejor legado y herencia que los resultados de tu propia vida, tu ejemplo mismo.*

Ahora, si por alguna razón aun no has llegado al nivel que te gustaría estar, o a obtener el éxito que algún día deseaste tener, comparte con otros las razones. Que tus experiencias, miedos, dudas, procesos de aprendizaje o situaciones, que te detuvieron para alcanzar tu éxito, le ayuden a alguien más a reconocer esos desafíos en su camino. El compartir nuestros propios aprendizajes le abre las puertas a otros para que puedan construir su propio éxito.

Atesora la posibilidad de diseñar tu vida, una que tenga un significado real para ti. Esa posibilidad se extingue hasta el último día que respires. En ese momento en que estés a punto de morir, será lo que lograste en tu vida misma lo que inspire a otros a ser exitosos y mejores seres humanos también.

COMPARTE LO QUE SABES

Una vez que has vencido tus crisis, que el deseo por algo más te ha llevado a inspirarte y que te has comprometido a lograr tus metas y eres responsable de ellas, sigue, sigue sin parar. No te conformes con el punto de llegada, comprométete a seguir aprendiendo, creciendo y evolucionando. Que tu objetivo sea lograr más metas, no por ambición o egocentrismo sino por el beneficio que esto traerá a todos los que te rodean y a las futuras generaciones.

En el momento, por ejemplo, que vas desarrollando un valor propio y junto con él, tú éxito, creas una cadena de inspiración hacia otros. Personas aparecerán en tu camino buscando un consejo, ayuda o simplemente motivación. Sé un gran ejemplo de excelencia, acción y resultados, no importa en qué nivel de tu vida estés, sé un ejemplo a seguir.

Cuando empiezas a liderar tu propia vida, buscando la superación y evolución propia, tu ejemplo empieza a tomar forma. El aprendizaje que se te ha concedido en tu vida creará un sinfín de caminos y oportunidades para otros, está en ti como las ofreces al mundo. Pero, sobre todo, está en ti mostrar que el éxito, cualquiera que esté signifique para ti o los demás, es posible cuando estás consciente de él y lo buscas.

Cuando llegues a la cima y te sientas pleno y alegre con tus logros, muéstrale el camino a alguien más. Comparte tu experiencia con los demás, comparte tu conocimiento y sabiduría. Comparte. Todo aquello que compartimos se multiplica. Es una ley universal. Tal vez no veas el resultado o la recompensa automáticamente, pero aparecerán cuando menos lo esperes.

Cuando compartes lo que has aprendido en la vida, tus creencias, ideales, sueños, fracasos y triunfos, no como una imposición sino como un aprendizaje, siembras una semilla de esperanza a alguien más que desea alcanzar lo mismo. Entre más inviertes tu energía y tiempo en el desarrollo de otro ser humano, más significativa y plena se vuelve tu propia vida. Un nuevo significado empieza a surgir.

Haz de este mundo un lugar digno de vivir, intercambiando ideas, reflexiones y observaciones. Esa será tu mayor satisfacción y herencia cuando llegue el final de tus días, el haber dejado un poco mejor tu mundo y el mundo de los que están a tu alrededor.

APRENDIENDO DE LOS DEMAS

Asimismo, celebra y aplaude la grandiosidad ajena y el éxito de los demás. El éxito atrae éxito. Nunca olvides eso. Aprende de otros niveles de entendimiento y puntos de vista diferentes a los tuyos, cuestiona como funciona y qué significa el éxito en los demás.

Respeta y considera otras opiniones, realidades y formas de ver el mundo. Enseña y déjate enseñar. En algunos casos, es sólo a través de los ojos de los demás que se puede aprender y soñar.

• • •

Las personas a tu alrededor son y serán los mejores maestros. Cada persona es única y tiene un punto de vista totalmente diferente al tuyo, que, si te lo permites, podrás aprender de él. Se dice que las personas a tu alrededor son el mejor reflejo de aquello que buscas o rechazas. ¡Está en ti confirmarlo!

Hay grandes ejemplos de personas que han llegado a tener lo que la sociedad considera un gran éxito. Algunas de ellas se muestran plenas, alegres y comparten sus logros y triunfos. Por otro lado, otras se muestran decepcionadas, tristes y deprimidas, llegando a las adicciones o al suicidio. Este último grupo de personas no llegaron a sentir la felicidad plena que tanto anhelaban. Ambas opciones están disponibles para ti.

Tienes la opción de diseñar tu éxito desde el sufrimiento y la carga interna o desde la consciencia viva. Por supuesto, cuando no hay un diseño establecido por ti de forma consciente, crea una gran confusión entre lo que quieres alcanzar y lo que quieres ser, creando un constante enfrentamiento entre lo que piensas, sientes, dices y haces.

Por otro lado, la gente verdaderamente exitosa no se crea falsas sensaciones de seguridad, porque reconocen a la persona en la que se han convertido, han descubierto quienes son y se aceptan totalmente. Una vez que estas personas le dan la bienvenida a su autenticidad, inspiran a otros a descubrir la suya.

Tú decides a cuál grupo quieres pertenecer y de qué maestros aprender. Cada grupo tiene una gran enseñanza para ti, descúbrela y aplícala. Conforme aprendas de los demás, aprenderás las diferentes versiones del éxito, y tú decidirás cuál es la que diseñarás para ti; sólo recuerda que el verdadero éxito se construye día con día, en cada oportunidad, decisión y acción tomada por ti.

Tú decides qué tan pesado permites que se convierta tu camino al éxito. La mayoría de las veces es cuestión de decidirte cómo pasarás por esta vida. En el momento que te decidas y comienzas a vivir con curiosidad, gozo y alegría, la vida tomará otra perspectiva.

No significa que te engañarás al pretender que algo no te causa frustración o que todo está bien. Al contrario, estarás atento de todo aquello que no tienes control alguno y, aun así, con toda la consciencia, decisión y responsabilidad, seguirás adelante, pensando de forma creativa e innovadora.

DISFRUTA TU CAMINO

Sigue avanzando a través de todas y cada una de las etapas del éxito. Es cierto que no todas las etapas serán fáciles de superar o nos dejarán los mejores recuerdos, pero si llegas a pasar cada una con consistencia, tendrás una ventaja sobre todos los que se quedan en el camino.

Que ese sea tu legado, el cultivar y aprender con dignidad y coherencia cada una de las lecciones dadas. Esas lecciones son tu herencia y guía para todos los que vamos detrás de ti. ¡Cultívalas y Compártelas!

El vivir tu vida plenamente, bajo tus propias expectativas, a pesar de las etapas que te hicieron dudar, es un legado que trascenderá generaciones enteras. Tú lo decides. ¿Qué quieres vivir hoy para que otros recuerden mañana?

La actitud con que vivas tu vida influirá e inspirará a todos aquellos que te conozcan y a aquellos que aun sin conocerte, se beneficiarán del mundo que dejaste. ¡Sé un regalo para el mundo, sé feliz!

PLAN DE ACCIÓN

Acción 1: Si tu vida terminara mañana, ¿cómo te gustaría ser recordado?, ¿qué te gustaría que la gente mencionara de ti? Reflexiona en el impacto que tu vida tiene o tendrá en otras personas, ¿te gusta? ¿Qué mejorarías?

Acción 2: Rodéate de personas que buscan mejorarse a sí mismos y están en el constante aprendizaje. Aprende de todo y de todos y al final crea tus propias conclusiones. Aun cuando creas saber las cosas, escucha y ve los diferentes puntos de vista.

Acción 3: Comparte tu sabiduría tantas veces te sea posible. No sabes el impacto positivo que podrá tener en otro ser humano. Busca una organización o un grupo donde puedas compartir tu conocimiento y, al mismo tiempo, aprender de otros. Lo que se comparte, se multiplica.

Qué mejor legado y herencia que los resultados de tu propia vida. ¡Tú ejemplo mismo!

CONCLUSIÓN

NO HAY SOLUCIONES
MÁGICAS, atajos, ideas ocultas, frases célebres, mantras,
etc., para alcanzar el éxito. Es un proceso que tiene varias
etapas y se requiere de disciplina, atención, practica,
consciencia, responsabilidad y acción.

¿La ventaja?

Al diseñar el éxito en base a lo que tú quieres
experimentar y no a lo que alguien más impone, te permite
vivir bajo tus propias expectativas. Al ser sincero y leal
contigo mismo, sin apariencias o buscando la aprobación
ajena, te llevará a la excelencia misma y la realización de tu
ser.

Por supuesto que hay diferentes etapas, como hemos
aprendido, que se presentarán en tu camino. Quizás lleguen
a tu vida crisis emocionales, físicas, financieras,
psicológicas, profesionales, etc. Tal vez momentos en que
desearás algo más de la vida y te inspiren a crear una nueva
realidad. Probablemente empiezas a tomar consciencia de lo

que has o no has creado en tu vida misma y deseas hacer cambios. Así como también momentos de tomar acción y ser responsable de las consecuencias.

Posiblemente lleguen momentos en tu vida que no creerás en ti, que dudarás de poder lograr tus metas, superar los obstáculos y ser capaz de hacer que suceda. Tal vez dejes de vivir para comenzar a subsistir, dejes de sonreír para comenzar a fingir, dejes de anhelar y comiences a aceptar. Cuando lleguen esos momentos de duda y cuestionamiento, escúchalos, porque son parte de ti, pero por ningún motivo o instante los aceptes o los creas. Cuestiónalos.

Es un proceso que lo experimentan todos aquellos que buscan el éxito, y es algo que experimentarás tú también. Tal vez en un orden diferente o bajo diferentes circunstancias, pero tú decides cómo superar estas etapas cuando lleguen a tu vida. Tú decides cuánto tiempo permaneces en cada una de ellas y cómo moldean tu perspectiva de vida y tus resultados.

No hay camino corto para construir algo duradero y exitoso. Se requiere de una renovación continua, tanto de tu ser como de tus pensamientos y acciones. Se requiere aprender las lecciones que cada etapa te brinda, tanto en los momentos de crisis como en los momentos de superación. De lo contrario, la vida te las repetirá continuamente y las experimentarás una y otra vez para cultivar su enseñanza.

El éxito es un descubrimiento individual y sólo tú puedes crearlo, diseñarlo y disfrutarlo; es un regalo que se le da a cada ser humano. No renuncies a él. Si tienes el deseo de algo más o te llegó la inspiración, toma acción y cumple tus metas. No permitas que tus miedos mismos te paralicen y te hagan creer que no es posible o que la obsesión por hacer todo perfecto te detenga a emprender cosas nuevas o tomar acción. ¡Domínalos!

Algunas veces nosotros mismos nos imponemos los obstáculos para lograr nuestros objetivos, hay una lucha constante entre lo que queremos y creemos que podemos tener y hacer. Hay miedos que surgen. Sin embargo, aprendimos que el miedo te paraliza, el miedo al qué dirán, al rechazo, a quedarte solo, a no sentirte lo suficientemente capaz de salir adelante, a no ser tú mismo, te acortan él camino. *En el momento que enfrentes tus miedos, tus cadenas que te detienen se romperán.*

Camina a tu paso, pero no te detengas, no empieces algo y pares, se constante. El camino al éxito está lleno de metas, ideas, ilusiones, inspiración y sueños por cumplir. Que los tuyos no formen parte de los que se quedaron en el camino.

Toma responsabilidad de tu vida, acepta tus errores y trabaja para mejorarlos, sin crear historias dramáticas, exageradas o minimizar los hechos, buscar culpables o crear significados elaborados. Esto te quita una gran cantidad importante de tu tiempo y energía. ¡Cuídalos!

Renuévate cada día. Sólo imagina cómo sería tu vida con una nueva posibilidad de realizar todos tus deseos y vivir a plenitud. Muchos seres humanos viven y mueren en una vida de autoengaño, renuncian a la posibilidad de crear un mundo diferente, una nueva forma de vida y renuncian a toda su grandeza.

Mi deseo para ti es que, en cada etapa vivida, descubras cómo una nueva persona nace, y la forma en que experimentas el mundo se transforma ante tus ojos. Descubre al ser humano fuerte, decidido y poderoso que eres.

Tu vida es diseñada por ti mismo desde tus actitudes y pensamientos. No te compares con aquellos que enfrentaban los desafíos sin miedo alguno, cada individuo trae consigo sus propias cargas internas y las maneja a su propio proceder. Busca tu felicidad y permite que otros encuentren la suya.

Busca el éxito, tu éxito. No importa como lo definas, sólo permite que este te lleve a los más altos estándares de tu excelencia, que tu filosofía de vida sea una imagen clara de tu autentico SER. Al final, tú solo serás el resultado de aquello a lo que te atreviste a soñar.

Recuerda que la vida se repite una y otra vez; así que, atrévete a ser un ejemplo por seguir, una inspiración e influencia para otros. *Se la persona de éxito HOY, que puedan admirar las generaciones del MAÑANA.*

¡El éxito lo diseñas tú!

Para estar en contacto con la autora escribe a:
✉ lauraevelia@regalanow.com
🌐 www.regalanow.com

Síguenos en Facebook:
⬛ lauraeveliaoficial
⬛ regalanow

www.ingramcontent.com/pod-product-compliance
Lightning Source LLC
LaVergne TN
LVHW011227080426
835509LV00005B/363